PÃO TIRADO DE PEDRA

RAÇA, SEXO, SONHO, POLÍTICA

DIONNE BRAND

PÃO TIRADO DE PEDRA

RAÇA, SEXO, SONHO, POLÍTICA

Tradução de
Lubi Prates e Jade Medeiros

BAZAR DO TEMPO

© Dionne Brand, 1994
© desta edição, Bazar do Tempo, 2023

Título original: *Bread Out of Stone: Recollections, Sex, Recognitions, Race, Dreaming, Politics*

Todos os direitos reservados e protegidos pela Lei nº 9.610, de 12.2.1998.
É proibida a reprodução total ou parcial sem a expressa anuência da editora.

Este livro foi revisado segundo o Acordo Ortográfico da Língua Portuguesa de 1990, em vigor no Brasil desde 2009.

Edição
Ana Cecilia Impellizieri Martins

Coordenação editorial
Meira Santana

Tradução
Lubi Prates e Jade Medeiros

Revisão da tradução
Rita Paschoalin

Copidesque
Joice Nunes

Revisão
Joelma Santos

Capa e projeto gráfico
LeTrastevere

Diagramação
Lila Bittencourt

Imagem de capa
Laís Machado, Sem título, série "Bença em cima de bença", 2023

CIP-BRASIL. CATALOGAÇÃO NA PUBLICAÇÃO
SINDICATO NACIONAL DOS EDITORES DE LIVROS, RJ

B819p
Brand, Dionne, 1953-
Pão tirado de pedra : raça, sexo, sonho e política / Dionne Brand ; tradução Jade Medeiros, Lubi Prates. - 1. ed. - Rio de Janeiro : Bazar do Tempo, 2023., 192 p. ; 23cm.
Tradução de: Bread out of stone: recollections, sex, recognitions, race, dreaming, politics
ISBN 978-65-84515-55-0
1. Brand, Dionne, 1953- - Ensaios. 2. Negras – Canadá – Biografia. 3. Feministas - Canadá - Biografia. I. Medeiros, Jade. II. Prates, Lubi. III. Título.
23-86609   CDD: 920.932242 CDU: 929:323.269.6-055.2(73)

Gabriela Faray Ferreira Lopes - Bibliotecária - CRB-7/6643

BAZAR DO TEMPO
Produções e Empreendimentos Culturais Ltda.

Rua General Dionísio, 53 - Humaitá
22271-050   Rio de Janeiro - RJ
contato@bazardotempo.com.br
www.bazardotempo.com.br

Para Zakiya e Faith Eileen

SUMÁRIO

INTRODUÇÃO
8

É SÓ A CHUVA, BACOLET
12

PARA O NORTE, PARA CASA
24

BATHURST
32

EMPREGO
46

CUBA
48

BROWNMAN, TIGER . . .
60

NADA DO EGITO
76

ESTE CORPO A SEU BEL-PRAZER
86

QUEM OLHA E QUEM FALA POR QUEM
106

IMAGINAÇÃO, REPRESENTAÇÃO E CULTURA
124

JAZZ
136

DUALIDADES
148

O QUE SE VÊ
162

NOTAS PARA ESCREVER ATRAVÉS DA RAÇA
166

POESIA
174

AGRADECIMENTOS
179

POSFÁCIO | Bruna Barros e Jess Oliveira
180

OBRAS DE DIONNE BRAND
188

INTRODUÇÃO

Nos quase 25 anos que separam a primeira publicação de *Pão tirado de pedra* e esta edição, eu esperava que pelo menos algumas das perguntas levantadas pelos ensaios tivessem sido respondidas e que algumas das situações de que eles tratam não existissem mais. O fato de esses textos, escritos no início dos anos 1990, ainda serem tão relevantes na atualidade me choca. Fazia pelo menos 23 anos que eu os havia lido, e relê-los para escrever este prefácio, revisitá-los agora e descobrir que parece que acabaram de ser escritos, é uma pequena tragédia. As proposições e provocações permanecem.

Um dos ensaios é sobre a chuva, uma tartaruga-de-couro e a intrusão dos verbos; sobre a diáspora e o passado que está sempre à espera no futuro. Outro fala sobre casacos de inverno e a viagem para o norte; sobre estradas, capital extrativista e a contaminação da terra – hoje mesmo li que cerca de um milhão de espécies de plantas e animais estão ameaçadas de extinção; na semana passada, li sobre a exportação de lixo eletrônico europeu para Gana e vi fotografias do "cemitério de eletrônicos" de Agbogbloshie. Outro ensaio trata de Bathurst Street, em Toronto, um metrô, um movimento Black Power dos anos 1960 e 1970, barbearias e bairros, de políticas urbanas que excluem a maior parte da população e de virtuosidade e improvisação daqueles que são excluídos. Esse ensaio, agora, também se refere a desaparecimentos, à medida que essa comunidade é empurrada, por causa da valorização do centro de Toronto (e de muitas cidades), para as divisas norte, nordeste e noroeste da cidade. A cidade que viria a existir naquele ensaio ainda não despontou. Outro ensaio denuncia a alienação de pessoas negras na cidade, em especial os jovens e sua navegabilidade pela vigilância policial, pauperização e encarceramento planejados. Essas patologias não foram abatidas, apesar das ondas de protestos ao longo de muitas décadas em Toronto e em outras cidades canadenses. Esse ensaio cita James Baldwin descrevendo experiências semelhantes no Harlem de 1930. Então, não é simplesmente uma questão de duas décadas e meia, mas de décadas e décadas e décadas de perfilamento criminal racista e vigilância antinegro. Um ensaio, na verdade dois – "Nada do Egito" e "Este corpo a seu bel-prazer" –, falam sobre autonomia sexual, gênero não binário e rejeição da heteronormatividade, abordam, arte, literatura e liberdade através dessas lentes.

"Dualidades" me surpreendeu: é uma espécie de estudo para o que se tornaria, 25 anos depois, o meu romance de 2018, *Theory* [Teoria]. Eu tinha me esquecido dele.

Por fim, há quatro ensaios sobre imaginação: a imaginação racial e a literatura canadense, a imaginação racial e o mundo. Esses textos delineiam o trabalho sério – e as resistências a ele – de pensar além da imaginação branca. Vale a pena repetir um parágrafo de um deles aqui:

> A apropriação cultural não é uma acusação, é uma categoria crítica. Ela examina a localização do texto e do autor no mundo em momentos históricos específicos: momentos que originam o gênero, a racialização, a formação de classes, o "outro"; momentos enraizados na conquista colonial, na escravidão e na exploração econômica. Investiga o posicionamento do autor dentro e fora do texto, e na interação do texto com os discursos colonial, sexista e racial. Desafia o anonimato do autor, questiona os "interesses" do autor no texto; argumenta que ele não é "inocente" quanto às relações de raça, gênero, sexualidade e classe. E situa a produção do texto e do autor em meio às práticas que dão origem a gênero, raça, subordinação de classe e subjugação colonial. Propõe que o imaginário, as imagens, a imaginação e a representação são profundamente ideológicas, na medida em que sugerem modos de pensamento sobre as pessoas e o mundo.

O ensaio, então, chama atenção para o discurso dominante, ou seja, o discurso que tem o poder de escrever e reescrever argumentos, enterrar conflitos e se declarar neutro e imutável, fracassando em nomear uma lógica contínua de organização da supremacia branca.

Com esses quatro ensaios, intitulados "Quem olha e quem fala por quem", "Imaginação, representação e cultura", "Jazz" e "Notas para escrever através da raça" – e com a coletânea como um todo –, eu esperava ter um efeito naquele que era o registro monolíngue de discursos acerca de aspectos sociais e intelectuais. Percebo, estupefata, que ainda estamos no mesmo registro. Afinal, ainda estamos na mesma sociedade. E, de fato, estamos vivenciando, em todo o mundo, uma reação profunda contra os movimentos de justiça social dos últimos cem anos.

Isso é, claro, uma indicação das ações sobre as quais a poeta Lucille Clifton[1] escreve com tanta propriedade: "todos os dias algo tenta me matar e fracassa"[2].

Mas há tanto dinamismo no movimento e na escrita aqui no Canadá e em todo o mundo – as pessoas estão escrevendo por suas vidas: abordando questões como catástrofe climática, financeirização, supremacia branca, gênero e violência racial. Então, eu não sou pessimista em relação ao futuro ou ao que a escrita pode fazer enquanto testemunha e promessa.

Sou grata aos leitores que me dizem, quando me encontro com eles, que os ensaios de *Pão tirado de pedra* os amparam, que refletem suas experiências e elaboram seus pensamentos e desejos para as cidades a serem criadas, as vidas a serem criadas, as literaturas a serem criadas.

As proposições e provocações permanecem.

Dionne Brand, 2019

---

[1] Lucille Clifton (1936-2010) foi uma poeta, escritora e professora negra estadunidense. Publicou diversos livros de poesia e infantis. (N.E.)
[2] No original, *"every day something has tried to kill me and has failed"*. Trecho do poema "Won't You Celebrate with Me", publicado no livro *The Book of Light*, Port Townsend, Washington: Cooper Canyon Press, 1993. (N.E.)

É SÓ A CHUVA, BACOLET

De volta. Aqui em Bacolet, numa noite em que a chuva cai, e cai, e cai, e a gente escancara a porta para observar a estação das chuvas chegar, tenho a impressão de que estou sempre viajando de volta. Quando o aracuã berra seu canto áspero feito pedras num balde de latão, anunciando chuva por todo o vale, quando o relâmpago bombardeia um céu preto-azulado, quando a chuva é tão densa quanto o xisto que bate na ixora, arrancando-lhe lágrimas vermelhas e pontudas, quando as mangueiras envergadas se ajoelham no chão com o vento, e eu não temo, mas rio, e rio, e rio, sei que estou viajando de volta. Tem certeza de que não é um furacão?, perguntam Faith e Filo. Não, eu digo, sem hesitar, é só chuva. Eu sei, é só a chuva... só a chuva, a chuva aqui é assim. Dá para vê-la correndo em sua direção. Além disso, não enfrente o mar, nem brinque com ele, aquela concha sendo soprada significa que há peixe no mercado, e, sim, eu tinha me esquecido de que a água do coco-verde tenro é boa para acalmar o estômago, é preciso cortar ou raspar a pele do tubarão antes de cozinhar, senão fica muito gorduroso, e esse arbusto espinhoso, jurubeba, a semente é boa pra febre, e a casca daquela árvore é venenosa... Saber é sempre uma bolsa cheia de truques, assim é viajar de volta.

De um lado da ilha está o Atlântico, e do outro, o mar do Caribe, e às vezes e quase sempre, se você subir, subir atravessando as sibilâncias de Signal Hill até um lugar chamado paciência, sim, Patience Hill, é possível ver os dois. Há poucos lugares onde se pode ir sem ver o mar ou o oceano, e eu sei o motivo. É um consolo olhar para qualquer um dos dois. Se algo estiver perturbando o juízo e você estiver imersa nisso, basta levantar a cabeça para ver o mar e o problema se torna irrelevante, porque o mar é tão maior, tão mais impactante e magnífico, que você se dará conta da sua pretensão.

Uma fragata magnífica esconde a linha do horizonte, fragata magnífica. A palavra pássaro não dá conta... nem dá conta de que, já no primeiro dia, bem no alto da colina em Bacolet, o vermelho é capaz de fazer rabiscos extravagantes nesse azul, nessa colina e nessa nuvem, e de que a frente do carro flutua entre eles...

...primeiro eu fui sozinha, fui levada, cheguei, vim, fui carregada, estive lá, aqui, o verbo é uma parte tão invasiva do discurso, como viajar, sugerindo o tempo todo a invasão ou a intenção de não deixar as coisas em paz, tão insistente que a gente quer ter uma frase sem verbo, quer eliminar o verbo.

Enfim, fui carregada pela forma como eles tinham cortado a estrada, rápida e estreita, e de um jeito mágico, porque era sempre impossível dois carros passarem um pelo outro, mas aconteceu, e mágico porque, uma tarde, atravessando a floresta tropical na Parlatuvier Road rumo a Roxborough, mas bem no meio da floresta, uma mulher de olhar meigo e velha como a água, suave como pó, de mãos dadas com sua netinha, apareceu caminhando para Roxborough. Então nós paramos, sem ver nenhuma casa por perto de onde ela pudesse ter vindo ou para onde estivesse indo. A estrada era cheia de árvores e arbustos por todos os lados, epífitas pendendo dos dendezeiros e sempre-vivas, e nós paramos ao som de "Obrigada, querida, obrigada. Que lindas crianças! Tô só descendo a estrada. Obrigada, querida". Ser chamada de querida e de criança, sabíamos que aquilo era mágico, porque ninguém, nenhum estranho nos últimos 24 anos da minha vida, e em todo o tempo em que Faith tinha vivido na cidade que deixamos, havia nos chamado de criança e de querida. Nós a encaramos, sorrindo. Nos acomodamos em seu querida e criança do mesmo jeito que a neta se acomodou em seu colo. Mágico porque ela havia aparecido na estrada acompanhada da própria esperança, uma esperança que desejava que uma floresta tropical enviasse um carro com umas mulheres da América do Norte ávidas pelo seu querida, seu criança, ou talvez ela nem estivesse pensando em nós de forma alguma, talvez apenas estivesse caminhando com a neta para Roxborough a fim de comprar açúcar ou arroz e seu querida e criança não eram especiais, mas ordinários, algo que ela diria para qualquer estranho, qualquer um, só que nós estávamos tão carentes de alguém que nos chamasse de um nome que pudéssemos reconhecer que a amamos instantaneamente.

Certo dia, topamos com um moinho de vento – não, chegamos num moinho de vento, tentando evitar o verbo encontrar, que não serve para coisas que já existem e obscurece o rosto como um horizonte. Subimos com S até o topo do moinho de vento em Courland Bay. Os corrimões de madeira foram devorados pelos cupins. Eles comeram as entranhas da madeira, todas as existentes, tentando evitar o verbo encontrar, como eu, nós. Descobrimos que não se deve apoiar nos corrimões, apesar de o exterior ser semelhante a como deve ter sido no passado. Ela nos contara qual tinha sido o ano, algum ano em outro século – 1650 ou, talvez, 1730. Subimos até o topo, passando pelos quartos que foram feitos no moinho de vento, pelas fezes de morcegos nas salas abandonadas, depois pela parte externa até o topo, subindo a escada de ferro. Foi quando ela disse que o engenho tinha sido ali, um engenho de açúcar, uma fazenda, e havia as construções antigas, resquícios delas, ali desde então. Foi quando ela nos mostrou a construção antiga, perto da casa do caseiro, perto da vaca perambulando com uma corrente grossa, perto da ameixeira indiana, enroscada na dormideira e no capim-navalha, mas não encoberta e nem completa. Aprendemos que não é possível se deparar consigo mesma tão de repente, tão de supetão, de maneira tão direta. Não se pode simplesmente ir a um lugar, visitar amigos, colher mangas a caminho da praia e achar que é só isso. Não é possível se encontrar consigo mesma sem ser chacoalhada, desmontada. Você não é turista, entenda. Você deve andar com mais cuidado, porque está sempre andando sobre ruínas e porque, no alto de um moinho de vento, numa tarde a caminho da praia perto de Courland Bay, você pode estremecer. No alto de um moinho de vento, numa tarde a caminho do banho de mar, quando parar para pegar mangas, você pode derreter diante de seus olhos. Eu estava lá no alto do moinho de vento destroçada, chorando por alguém daquela época, por coisas que já existem e que existem simplesmente, inertes. Coisas com as quais você se encontra. Tenho medo de quebrar alguma coisa ao descer. Há algo que nos separa.

Deixamos para trás o topo do moinho de vento e o proprietário que ainda está falando em reparti-lo e vendê-lo por dólares estadunidenses, e vamos conversar com o caseiro, que nos parece mais familiar, mais feito gente. Ele sabe o tipo de conversa de que precisamos, uma conversa sobre ricos e pobres, sobre por que é possível que você chore quando olhar para esse lugar, uma conversa que parece silenciosa em meio ao álamo-trêmulo e ao capim-navalha, como se eles entendessem que há espíritos ali, ouvindo, e que devemos esperar a nossa vez de falar, ou talvez o que eles dizem seja tão indizível que nossas vozes desaparecem na garganta até a quietude. Foi aqui que aconteceu, e tudo o que podemos fazer é chorar quando chega nossa vez, quando nos encontramos. Muito provavelmente, essa é a tarefa da nossa geração: olhar e chorar, ser controlada por eles, ser usada em nossa carne para nos depararmos com o silêncio deles. Há engenhos de açúcar ainda mais antigos por toda parte, cheios de terra e grama. A essa altura, todas as coisas sob nossos pés estão quebradas.

 Faith foi para Rex ontem à noite. Era sexta-feira, o último filme de Robert Redford estava passando. Não que ela goste de Robert Redford, mas é o único cinema, e ela adora. Ela adora o Rex e a placa pintada à mão, a tinta fresca toda quarta-feira quando o filme muda. Eu tenho medo do cinema, medo desde quando eu era pequena. Medo, porque eu tinha medo de gente e porque o cinema era novidade, e era algo que você tinha que aprender a ir e a cuidar de si mesma enquanto estivesse lá. Para ir ao cinema, era preciso ter dinheiro, se arrumar e estar em público, onde as pessoas podiam ver se você estava bem-vestida e se tinha dinheiro. E, se não tivesse dinheiro suficiente, você tinha que se sentar no chão perto da tela, onde havia vários garotos grosseiros que faziam comentários rudes a respeito das garotas e tentavam te tocar, e que iam para o cinema só para isso e para atrapalhar a sessão ou imitar o astro do filme, se fosse um faroeste. Eu tinha medo, também, de que o que eu visse na tela confirmasse o lugar que ocupávamos no mundo. Iríamos ver que as pessoas brancas viviam muito melhor do que nós e como aquela vida estava fora de nosso alcance porque era preciso ter pele branca para consegui-la. As encenações sempre deixavam a desejar. As beldades brancas de batom e o macho branco de cabelo lambido faziam de nós figuras esquisitas transitando por ruas tropicais, faziam a gente desejar suéteres pretos de gola alta, calças jeans, jaquetas de couro e chapéus de cowboy. Assim, sendo essa minha única memória do cinema no Caribe, eu não fui ao Rex com a Faith assistir a *Proposta indecente*, e ela foi porque não acreditava em mim, era muito mais aventureira do que eu, e porque cresceu num tempo em que o cinema não era novidade nem assustador, mas a primeira cartilha da cultura, da mesma forma que minhas primeiras leituras foram o cânone britânico. Quando ela voltou, disse que tinha sido ótimo, sim, ótimo, que todo o cinema tinha vaiado Robert Redford e Demi Moore e o cara de *Homens brancos não sabem enterrar*[1]. Eles riram e zombaram do romantismo estadunidense. Talvez alguma coisa num cinema negro de um país de terceiro mundo faça uma tela repleta de patriarcado branco e de desejo convertido em dinheiro parecer algo bobo, improvável e grotesco – inacreditável. Ninguém estava comprando aquilo, não só porque era um filme idiota em todos os sentidos, mas porque ninguém estava comprando a proposta como um todo. Ela disse que, enfim, tinha a impressão de que todo o público se sentia como ela, e mais: o público estava fora da tela e era crítico, pertencendo a outro cosmos intelectual, um que não era loucura, mas razão. E qualquer coisa que algum dia chegasse à tela do Rex seria vista sob a luz exclusiva dessa razão. Ela havia passado tanto tempo de vida na desconstrução solitária do roteiro cinematográfico estadunidense que o Rex era lar, o verdadeiro encontro do hegemônico e do contra-hegemônico, e o contra-hegemônico fazia mais do que sentido, era normal. Mas lá no fundo eles estavam rindo. A multidão, provavelmente vestindo jeans e desejando em todos os outros aspectos os Estados Unidos, achava os Estados Unidos um país risível. Então, eu mudei de ideia em relação ao Rex, e mesmo assim nunca fui, ainda muito temerosa pelo fato de Faith ir toda sexta-feira sozinha ou com uma mulher que tínhamos conhecido e que trabalhava num restaurante. Numa sexta à noite, eu a encontrei na rua, no intervalo de uma sessão dupla. Ela estava pro-

---

[1] *Homens brancos não sabem enterrar* é um filme estadunidense de comédia dramática, lançado em 1992 e dirigido por Ron Shelton. (N.E.)

curando por um café; a rua ao redor do porto estava lotada e animada, cheia de moças e rapazes à toa, matando o tempo. Seu rosto surgiu luzidio e lacrimoso no meio da multidão. Eu fui ao seu encontro. Pensei que ela estivesse se sentindo solitária porque eu não a acompanhara, mas não era a solidão, era a trivialidade que a comovia. Ela quis continuar caminhando na multidão na sexta à noite e voltar ao Rex.

Viajar é um estado constante. Você não deixa as coisas para trás ou as leva consigo, tudo está sempre se movendo; você não é o centro do próprio movimento, tudo gruda e a torna mais pesada ou mais leve conforme você dá uma guinada, tudo muda sua direção. Nascemos pensando em viajar de volta. É nossa única preocupação, não pensamos em nada mais. Estou convicta. Estamos sempre desconfortáveis onde estamos. Não dormimos com facilidade, não sem sonhar em viajar de volta. Esse deve ser o código escrito no revestimento do meu cérebro, volte, volte, como uma febre, uma pandemia açoitando a Diáspora. Volte, as palavras de ordem esperam por uma resposta. Como podem ser complicadas todas as jornadas em busca da resposta, todas as jornadas, físicas e imaginárias, em aviões, a pé, no coração e ressecadas na língua. Faith e eu a vislumbramos aqui. Assim que saímos do avião e escorregamos em nossa pele, a gravidade da diferença racial desaparece. Mas é isso e mais: um conhecimento que adentramos, um tipo de entendimento do mundo que nos levará adiante. Aqui, precisamos prestar atenção apenas ao que fazemos. Uma noite, Vi ligou e disse: você quer ver uma tartaruga-de-couro? Ela está pondo ovos em Turtle Beach. Fomos. Senti o chamado como o sinto para todos os eventos aqui. Cercada de espíritos, história, ancestrais, eu cedo à orientação deles. Percebo que vivo de maneira diferente no Canadá. Vivo sem conexão com esse mundo e seus compromissos, tributos e significados – com o estado de espírito.

Na semana passada, uma mulher me contou a história de como um homem do Quebec, que sobrevivia da instalação de pisos, teve todo o seu dinheiro roubado por ladrões na praia. "Ele me mostrou como 'tavam' os joelhos de tanto trabalhar, e os joelhos 'tavam' tudo esmagado", relatou ela. "E eu olho praqueles joelhos e penso comigo que se aquele homem se ajoelha e reza por aquele ladrão, bota uma luz naquele ladrão, deus ajuda. É assim que as pessoas arrumam problema." Ela entendia o poder nos joelhos dele de uma maneira que o homem do Quebec não podia compreender. Aqueles joelhos eram uma fraqueza no lugar de onde ele vinha.

Então, eu fui chamada para algo grandioso. A tartaruga-de-couro apareceu assim na praia naquela noite. Todo mês de maio elas apareciam em Turtle Beach para pôr centenas de ovos. Eu tinha me esquecido disso. E, quando os ovos eclodem, depois de seis semanas, tartarugas diminutas saem correndo para o mar, sob as investidas predatórias de pelicanos e fragatas. O hotel, sua luz e clientes invadem a praia, mas essa parte do mar está inscrita em todas as gerações de tartarugas-de--couro, então elas vêm mesmo que corretores imobiliários e investidores abocanhem a areia e a água. Uma delas veio fazendo círculos e cavando a areia com as nadadeiras traseiras, e assim ela se foi sem pôr os ovos. A areia ali estava quente demais, disse Vi. Então, ela voltou para o mar para esperar por outro momento. Mais tarde, pela praia, veio outra. Quando meus olhos se acostumaram à escuridão, eu a vi. Ela era antiga, a cabeça era maior do que a de um ser humano, mas, por alguma razão, parecia humana, os olhos cheios de lágrimas prateadas, a pele preta com pontinhos brancos, enrugada. Ela cavou um ninho na areia atrás de si, medindo, medindo com o comprimento da nadadeira. Então, eu ouvi o seu suspiro, o som de uma velha mulher trabalhando no campo, um som mais humano do que humano e antigo, de muita vida ou muitos problemas, e de necessidade de muito descanso. Eu gostaria de ser velha assim, tão velha a ponto de chorar prata, de suspirar humano. Mas devo dizer aqui como realmente me senti, como se ela fosse mais do que eu ou mais do que humana, mais elevada na escala evolutiva, além de qualquer suposição ou cálculo, nada que pudéssemos experimentar, maior do que nós, não porque o tenhamos dito, mas porque ela era. Eu assisti a ela, por mais de uma hora, cavar e medir, cavar e medir, e então pôr os ovos. Me aproximei para vê-los e me lembrei de ter comido um ovo quando criança em outra praia. "Já vi isso antes", contei a Vi. "Quando eu era pequena", comendo algo que a tartaruga-de-couro tinha levado cinquenta ou, às vezes, setenta anos para produzir, delicado e macio após mais de meio século. Me lembrei das luzes das tochas rompendo a sombra ao longo daquela outra praia e de meu avô cavando a areia à procura dos ovos dessa espécie agora em risco de extinção. Pelo tamanho, ela tinha setenta anos, tão grande quanto a minha envergadura e tão alta quanto meu corpo deitado, e, quando ela terminou e suspirou de novo, cobriu o buraco na areia e começou a girar, a camuflar o lugar onde tinha posto os ovos, fazendo outros lugares parecerem o mesmo, até eu não poder dizer onde ela os tinha posto. Uma tartaruga-de-couro chora numa noite dessa, suas lágrimas são prateadas, e, quando ela termina de girar, de fazer tudo o que pode, avança laboriosamente para o mar. Ela parecia cansada. Rodou em direção à praia, esperou por uma onda e então mergulhou, se banhou, esplêndida, viajou mar adentro.

Ansiamos tanto por retornar, nossos poderes de reconhecimento isolam apenas as evidências em prol de um lugar. Então não mencionei a desordem desnecessária de turistas e câmeras que precisavam ser policiadas e... Então considerei isso um presente, a intimidade que invadi em Turtle Beach, com os turistas, aqueles que tínhamos de mandar calar a boca, as luzes, o hotel e o homem fumando um cigarro a quem disse para "ter um pouco de respeito". Medi apenas o espaço que a tartaruga-de-couro e eu ocupamos. Considerei isso parte da resposta, quiçá toda a reposta, para voltar.

Bebemos cerveja Carib até o último bar na Northside Road, que leva a Moriah, Castara e Parlatuvier[2]. Paramos e perguntamos pelo povo da minha avó em Moriah, onde ela nasceu, filha de Angelina Noray e de um homem chamado Bobb. Perguntei a um homem velho, grande e gentil, que vinha descendo a estrada, onde os Noray moravam, sabendo que tudo o que eu precisava fazer era mencionar um sobrenome e, se eles tivessem desaparecido ou ainda estivessem vivos, o nome os conjuraria. "Bem, os Noray da montanha ou os da planície?",

---
2 Comunidades rurais de Tobago. (N.E.)

perguntou ele. "Tô procurando pelo povo da minha avó, ela saiu daqui há muito, muito tempo. Tinha um irmão chamado Dan." "Há muito tempo. Daniel. Bem, são os da planície que você quer, então." Olhamos na direção em que ele apontou no vale elevado e exuberante que é Moriah. Não fui até a plataforma do morro para conferir, apenas agradeci, aliviada, e direcionei o carro para a Northside Road, lembrando do braço dele apontando para o bambu luxuriante de onde veio o meu povo.

"Vê, vê Moriah, Moriah, Moriah. Vê, vê Moriah, Moriah, Moriah. *Dingolay lay lay lay lay oh....*" Vê Moriah. Nós nos lembramos dessa cantiga infantil, e Vi e eu especulamos qual seria o seu significado. Nossa torcida é que tenha sido um lugar de fuga. Sabemos que eles têm uma dança de casamento aqui, só um ritual hoje em dia, que remonta ao século XIX. "Vê, vê Moriah, Moriah, Moriah. Vê, vê Moriah, Moriah, Moriah. *Dingolay lay lay lay lay oh dingolay* um rapaz, uma moça..." Como os casamentos não eram permitidos àqueles que eram propriedade, especulamos que talvez os escravizados fugissem para esse vale elevado para fazer a dança de casamento, como um sinal de revolta e autoafirmação.

Ontem à noite, na biblioteca pública de Scarborough, assistimos a uma palestra de um antropólogo da arquitetura da Universidade da Flórida sobre como os franceses construíam engenhos de açúcar, como os britânicos construíam engenhos de açúcar e como os espanhóis construíam engenhos de açúcar, como eles usavam o vento e a água, os drenos e os fossos, a proximidade entre a casa-grande e os engenhos... Ele não disse nada a respeito das pessoas que os construíam e trabalhavam neles, porque era um antropólogo da arquitetura e não estava preocupado com as pessoas, mas ele de fato fez uma tentativa de nos agradar dizendo que o casamento em Moriah era uma mistura das culturas europeias e africanas. Nunca lhe ocorreu que fosse de mau gosto e talvez até imprudente estar diante de nós e chamar a dominação europeia e a escravidão de africanos de "mistura". Não lhe ocorreu considerar o casamento em Moriah uma máscara, uma dualidade mais do que simples, sugerindo escárnio, ironia, zombaria, autoafirmação, ausência, mudança, reconhecimento e antinomia.

Depois, ele apresentou seu pupilo, também da Universidade da Flórida, um antropólogo social que disse estar, na verdade, interessado nas pessoas que trabalhavam nos engenhos e que, em Courland Bay, ele havia encontrado louça inglesa num lugar que ele tinha identificado como uma senzala. Para ele, isso era uma indicação de que os escravizados e os senhores tinham uma relação de cordialidade. Queria nos convencer de que, em Courland Bay, que costumava ser uma das maiores fazendas com mão de obra escravizada, ostentando centenas de hectares e centenas de escravizados, o senhor deixava seus escravizados beberem em xícaras de chá inglesas importadas. Ele irradiava uma espécie de autoindulgência, certa camaradagem, e se sentou para receber o aplauso agradecido dos representantes do governo local e da ilha e da sociedade histórica.

"Isso é o que acontece quando você deixa as pessoas se meterem nos seus assuntos."

Parlatuvier, Parlatuvier, Parlatuvier, conversa fiada, conversa fiada ou chaminé, qual é o significado? Castara, Castara, joga fora, joga fora, perto de Englishman's Bay. Prefiro o mistério dos nomes e manterei comigo todas as mulheres da ilha e o lugar onde as encontrei. Esses mapas devem ser passados no boca a boca, o caminho para um outro lugar como Moriah, para dançar e fazer amor. E deixemos alguns assuntos para antropólogas lésbicas que também leem os olhares e movimentos, a inclinação dos corpos, a brevidade e o silêncio dessa passagem tão enigmática quanto os sinais para a fuga.

Muito tempo atrás, acho que fugi desse lugar porque a fuga é tão forte quanto o retorno – é quase sempre igual. Um não é o fim do outro ou o início do próximo, e quase sempre, quando voltamos, tudo o que passa pela nossa cabeça é a fuga. E durante a fuga... Mas dessa vez eu quis ficar. Nós quisemos ficar. Essa paz na qual mergulhamos nos ancora quando precisamos desaparecer outra vez. Quanto mais perto de casa, mais desaparecemos, contemplando as filas da imigração, as faixas de isolamento da polícia, as filas de banco e as filas que não servem para nada.

"Eu sei por que não queremos voltar para casa. As coisas com as quais precisamos lidar não fazem sentido, são toscas e mesquinhas."

"Vivemos cercadas de ódio, não é? Esgarçando a pele."

"Isso estraga a gente. Estraga cada pedacinho de nós, mas principalmente a alma."

"Lá, a gente precisa se apequenar; aqui, pelo menos, há a simples, simples premissa da boa vontade."

PARA O NORTE, PARA CASA

Quando me mudei para Toronto, e nos 23 anos em que morei lá, eu amava os verões. Amava os verões e comprei vários casacos que me carregassem, me embrulhassem durante os invernos. Primeiro, comprei um sobretudo de couro, porque parecia legal e porque eu costumava ir ao Le Coq D'Or[1] toda quinta, sexta e sábado à noite beber *Singapore sling* e *black russian* e dançar ao som de Funkadelics, Rick James, Tavares ou qualquer outra banda de R&B que estivesse na cidade. Daí eu ficava pela Yonge Street até de manhã, e então minha irmã, meus amigos e eu, rindo e fazendo piadas o tempo todo, pegávamos o ônibus noturno da linha Bloor Street até a parada mais próxima e caminhávamos até a esquina da Dupont Street com a Dufferin, onde morávamos em duas casas vizinhas e decadentes. Lá, colocávamos música, fazíamos o café da manhã e dançávamos de novo, porque não fazia sentido dormir, esperando até que amanhecesse de vez para que pudéssemos todos correr para os vários trabalhos que tínhamos. Empresa telefônica, empresa de seguros, banco, hospital.

Num dos invernos, comprei um casaco comprido vermelho que se alargava a partir da cintura. Ele tinha um capuz e era trançado na frente, e eu gostava ainda mais dele, porque, verdade seja dita, o de couro era frio. Eu ia para os mesmos lugares com ele. Festas. Lembro-me de uma nevasca a caminho de uma festa em Don Mills, que estava se tornando um bairro negro. Nosso grupo passou a noite inteira embaixo de neve procurando pelo prédio depois de o último ônibus ter nos deixado na esquina da Don Mills com a Eglinton Avenue. Nunca conseguíamos chegar cedo numa festa, nunca saíamos de casa cedo. Alguém sempre ainda estava se arrumando ou no telefone ou reclamando de que chegaríamos cedo demais, porque ninguém ia para uma festa antes de onze horas, afinal. Na noite da nevasca, com a neve até a altura da coxa, houve momentos de desespero e momentos de rolar

---
[1] Popular bar de Toronto nas décadas de 1950 e 1960, ponto de encontro da cena do rock na cidade. Foi aberto em 1940 e encerrou as atividades em 1976. (N.T.)

de rir, alguém falando o que não faríamos por uma festa. Eu não me lembro se achamos a festa, acho que sim, só me lembro de afundar na neve até o quadril com meu casaco vermelho e de ver ao longe um arranha-céu que parecia ficar mais e mais distante a cada passo em sua direção. O último casaco comprido de que me lembro era preto com listras cor de ferrugem e um cachecol fixo. Esse foi anos depois, e me lembro de marchar com ele, pela College Street, arrumando o cachecol em torno do pescoço, com um megafone na boca, no que talvez tenha sido o Dia Internacional das Mulheres mais frio da história. Por incrível que pareça, as fotografias daquele dia extremamente gelado me persuadiram a comprar um casaco mais curto, para que eu pudesse andar mais rápido.

Como disse, eu amava os verões e estou pensando neles agora só porque pareciam mais longos e não sei que fim levou o último verão. Eu odeio o outono. Eu sinto o cheiro dele chegando. Um certo cheiro como se o lago estivesse mais próximo e as folhas já estivessem morrendo, mesmo que ainda não sejam visíveis. As brisas são diferentes no fim de agosto, e há aquele cheiro, não importa onde se esteja, atrás de um prédio, num estacionamento ou na rua, o cheiro inconfundível de alguma coisa ou alguém indo embora, de algo queimando vagarosamente. Basta um leve sinal desse aroma, até hoje, para que eu me sinta muito deprimida. Nenhuma promessa de folhas mudando de cor é capaz de me consolar. Nunca consegui entender quem acha isso bonito; surpreendente, impressionante, sim, mas não bonito.

Estamos em meados de setembro, e estou indo para casa dirigindo rumo ao norte, e me lembrei disso. Agora, eu moro no norte. Norte não é exatamente norte, não *o Norte*, mas duzentos quilômetros ao norte de Toronto, o que todo mundo em Toronto considera norte, mas na verdade é meio caminho. Eu tampouco consigo me imaginar morando no norte. Durante os 8.395 dias e noites vivendo em Toronto, nunca pensei em morar ao norte da Lawrence Avenue, ou a oeste da Keele, ou ao sul da Bloor, ou a leste da Spadina. Nunca pensei que, justamente quando Toronto estivesse começando a ficar interessante, justamente quando a cultura local estivesse se tornando o lugar no qual eu queria viver, justamente quando houvesse uma massa crítica de pessoas negras, justamente quando o mundo todo tivesse chegado à cidade, eu, justo eu, me mudaria para o norte. Não parece brincadeira? Só pode ser brincadeira, digo a mim mesma enquanto dirijo melancolicamente pela Eglinton Avenue rumo à Allen Expressway, na direção norte.

Passo pelo último bairro negro, pela última pastelaria, pela última barbearia, onde um barbeiro varre fios de cabelo. Passo pela loja que tem a calça larga, verde e dourada na vitrine, os vestidos de costas nuas; uma mulher na parada de ônibus usa a ressuscitada boca de sino preta e justa, vejo o penteado, as tranças enroladas no alto da cabeça com cachos brilhosos caindo sobre os olhos. Passo por um homem esguio que usa um terno azul-esverdeado e sapatos azul-esverdeados e está voltando para casa depois da noitada da sexta. Não consigo decidir se paro e pego um peixe *escovitch*[2] com bolinhos fritos ou não. Passo pela última loja de discos tocando acordes de Worl-a-Girl. Passo pelo arranha-céu onde morei um dia na Marlee e sigo para o norte.

Uma vez na rodovia, a cidade é como qualquer outra do Canadá ou da América do Norte. Poderia ser Winnipeg ou Boston, os postes elétricos gigantescos e os obeliscos de concreto da indústria farmacêutica, as sedes de empresas, as fábricas, as plantas industriais e os hotéis são implantados ali como escaravelhos devorando um corpo, apagando qualquer traço do lugar onde você esteve. A cidade desaparece atrás deles. Eles têm um estranho anonimato, não é possível se lembrar dos nomes expostos em grandes placas temporárias; quando a pessoa passa por ali outra vez, comenta consigo mesma: "Ah, eu não me lembrava disso!" Mas eles estavam lá; talvez eles sumam de tempos em tempos e se alimentem de alguma outra cidade, mas voltam assim que um primeiro-ministro destrói um direito trabalhista e a mídia financeira bravateia sobre os bons tempos.

---
[2] Modo jamaicano de preparar peixe. (N.T.)

Darlington Provincial Park, diz uma placa, e sinto um estranho arrepio. Não era Darlington, o nome? Não é uma usina nuclear[3]? Deve ser alguma piada sinistra sugerindo que algo tão benigno quanto um parque também possa existir ali, algum jogo mental saído de *Arquivo X*, e há também Pickering. Um corredor de usinas nucleares controla essa parte do perímetro, a retaguarda da indústria farmacêutica e das sedes de empresas; você tem a sensação de que talvez seu cérebro esteja fritando ao observar os muros já chamuscados das cidades da área metropolitana, Whitby e Oshawa, repelidas da [autoestrada] 401. Daqui eles vendem energia nuclear para todo o mundo. É desse ponto que a gente realmente vê as forças que pressionam uma cidade, não os desempregados e desabrigados, mas essa zona de lajes anônimas cheias de fiação, concreto e aço, atrás das quais executivos e gerentes intermediários operam linhas telefônicas e ondas de radiação. Termos como *militarizado*, *lucro mínimo* e *enxugar a máquina* vêm à mente. Você acelera.

Logo as rodovias e os campos a caminho do norte se transformarão em hectares e hectares de neve sem fim, logo terei de travar uma batalha com caminhões de carga e rajadas de vento invernal pela estrada. Logo a estrada para o norte perderá qualquer visibilidade segura. Ainda não consigo entender o breve crescimento das coisas, como imensos bordos e pinheiros sobrevivem à ausência do sol e do calor por tanto tempo. Na semana passada, liguei para um amigo de Toronto para reclamar: "Olha, as malditas folhas estão secando aqui, sabe, e o *food truck* da 48 já sumiu, você sabe o que isso significa, né?" A caminho de casa, a rodovia avança até postos de gasolina e placas de restaurantes mais à frente com a promessa de comida caseira ou outro absurdo parecido, que vem a ser algum tipo de carne com uma coisa chamada molho e as inevitáveis batatas fritas. O norte não é lugar para vegetarianos. É melhor verificar os gostos cosmopolitas num posto de pesagem.

---
3 Darlington Nuclear Generating Station é uma usina nuclear localizada em Ontário. (N.E.)

No rádio do carro, acabei de escutar que Ted Turner doou um bilhão de dólares para as Nações Unidas, e, para não ficar para trás, Bill Clinton celebrou a doação como uma nova era para uma nova relação entre o setor privado e as Nações Unidas. Há muitas razões para se dirigir em alta velocidade rumo à região rochosa do Escudo Canadense[4] propriamente dito, e essa é uma boa razão. Imagine os desastres que nos aguardam – contribuições de empresas de fórmulas para bebês, por exemplo, ou produtores de lixo nuclear, indústria farmacêutica, petrolíferas ou que tal produtores de minas terrestres, todo o complexo militar industrial; em troca, terras contaminadas, pessoas desalojadas, mão de obra ainda mais barata, talvez uma ou duas guerras a mais, apenas para divulgar o produto. Como se não tivéssemos o suficiente em matéria de fiasco nos auxílios, represas mal planejadas e enchentes devastadoras. Quilômetros de espaço urbano estão colapsando. E é estranho o fato de que, em todas as conversas sobre os acordos para banir as minas terrestres, ninguém fale em dinheiro. Alguém produz, alguém vende, alguém compra e, quem sabe seja essa a pedra no sapato, alguém muito, muito poderoso irá à falência. Nos dias atuais, isso importa mais do que qualquer reflexão sobre a vida propriamente dita, e nós estamos tão intimidados pela noção de mercado que a pergunta sobre quem sai no lucro é considerada grosseira.

São esses os seus pensamentos enquanto dirige para o norte. Você tem tempo e tem o rádio, e, se o aquecedor do seu carro funcionar, você viaja num cilindro de calor, que é pequeno, pequeno se comparado à enormidade lá fora, e pensa nos afastamentos, na cidade, no Norte, no norte não tão distante, em como esse país vive em cilindros distintos, no leste, no oeste, em Toronto, no Quebec e no Norte. A tal ponto que, a caminho do norte, não sei o que me espera, embora esteja voltando para casa.

---
[4] O Escudo Canadense é uma das regiões geográficas mais extensas do Canadá e se estende por uma parte significativa do território do país. Ele cobre grande parte do leste e do centro do Canadá, englobando porções consideráveis das províncias de Quebec, Ontário, Manitoba e Saskatchewan, bem como partes de Newfoundland e Labrador. (N.E.)

Toda cidade pequena por onde passei tem uma cervejaria, uma agência dos correios, um cemitério e, às vezes, um supermercado. Na semana passada, percebi que o verão tinha acabado quando fui até a cidade mais próxima e me vi no supermercado com três senhoras e um senhor. Todos os adolescentes já tinham voltado às aulas, talvez satisfeitos, uma vez que o verão se resume a pular da ponte e frequentar a pequena locadora. Eu vi todas as fitas da locadora. Todos os dias vou à cidade, compro o jornal, um chiclete na máquina de chicletes e confiro as seções da locadora, caso tenha deixado passar alguma coisa, e vou embora.

O fato de eu ser a única mulher negra... a única pessoa negra na minha área do norte não me passa despercebido. Às vezes, sinto como se estivesse num filme sobre o sul. Meus pelos se arrepiam e volto depressa para o carro e corro para casa depois de um olhar, de um silêncio hostil e longo demais, de uma pausa ou depois que uma caminhonete sai acelerando. Às vezes, preciso distinguir entre claustrofobia e racismo, entre o dia ruim de alguém e a intolerância. O que quer que seja, é minha tarefa eterna ler o cenário social não apenas no norte, mas também naquela cidade maravilhosa de onde acabei de partir. E em todo o país, porque, por essas bandas, a gente sente a vastidão, e talvez até a composição do ar. As coisas flutuam em nossa direção, as coisas flutuam no ar, nos envolvem e seguem seu curso, como a Somália. O que foi aquilo? Cadeia de comando ou o papel da raça para os chefes do exército canadense? E, se é assim entres os chefes, onde mais?[5]

A caminho do norte, indo para casa, observo tudo atentamente após a 401 me conduzir a uma rodovia de pista única. Preciso me lembrar do verão para passar pelo inverno, e já que as coisas estão mudando de cor, preciso de outras referências. Eu me pergunto se o que vejo são campos de vara-de-ouro ou só o topo das asclépias ou dos pinheiros-larícios americanos amarelando quando desvio de um carro

---

5 Em 1993, soldados canadenses em missão humanitária na Somália espancaram e assassinaram brutalmente um adolescente somali. (N.T.)

vindo em minha direção. Eu estava inclinada demais, indiferente ao trânsito à minha frente. Não sei o nome de muitos arbustos da região, mas em setembro, às margens da rodovia, florescem alguns arbustos de um violeta pálido, uma semana depois, os de um roxo violento, e eles duram bastante, e eu penso no erro de cálculo, ou seria algum descompasso e a vinda repentina do frio que os fazem florescer depressa, pressentindo a extinção.

Descobri que, depois de um tempo no inverno aqui ao norte de Toronto, não é necessário ter um casaco – você precisa de luvas e de um colete grosso, ou de uma camisa xadrez grossa, porque o frio não é mais considerado frio, mas temperatura ambiente. É algo que você deve encarar como se estivesse se rendendo. Resistir é inútil, é preciso acolher o frio para que ele possa lhe aquecer. Às vezes, a neve é tão espessa ao seu redor, tão profunda e tão imensa que se torna térmica. Você precisa de luvas e boas botas, não as de Toronto, com salto alto e bico, mas as feias, grossas e emborrachadas por fora, revestidas por dentro, pesadas. Assim, nenhum dos casacos que eu já tinha, que demandavam um andar e uma elegância particulares, serviriam aqui. É preciso se jogar nesse norte como se você fosse uma ursa, forte e robusta.

BATHURST

Metrô da Bathurst Street. Refiro-me a ele como se fosse o meu lar. É uma fala incômoda, tão incômoda quanto as paredes azul-acinzentadas, os trens estridentes, os ônibus lotados e atrasados e os bondes sibilantes. Mas, assim que cheguei a esse país, a essa cidade, aos dezessete anos, ele fazia com que eu me sentisse em casa.

É engraçado como o lar é o primeiro lugar que a gente procura mesmo que esteja fugindo dele; de um jeito ou de outro, a gente sempre corre na direção dele, não do mesmo local, mas de um que você sabe que irá reconhecer. Talvez o lar seja um lugar incômodo, então o Bathurst era parecido, não os vagões ou as paredes cinza, mas as pessoas que passavam por ali naquele ano, o sentimento de propósito comum, a intensidade do novo orgulho negro, as possibilidades de justiça e a alegria contida nessas coisas. Era 1970, o Movimento pelos Direitos Civis, o Black Power, a Consciência Negra. A passividade de Martin Luther King havia sido repudiada; a adesão ao sistema, a assimilação, tudo isso estava fora de cogitação; a luta armada era uma possibilidade muito debatida. A tomada do centro de informática da Universidade Sir George Williams tinha despertado o movimento Black Power no Canadá. A nova geração, uma mistura dos jovens das famílias antigas e de imigrantes recentes, não reagia às sutilezas do racismo canadense com a mesma paciência e ponderação dos mais velhos.

A Bathurst Street era o centro da comunidade negra de Toronto. Assim que você chegava à cidade, caso fosse imigrante, fazia a peregrinação até a Bathurst Street. Independentemente do lugar para onde a pessoa fosse levada depois do aeroporto, fosse para um apartamento na Westlodge Avenue, na Palmerston, na Dupont ou no St. James Town, na manhã seguinte ela era levada para Bathurst Street. A rua já devia ser esse tipo de lugar para os negros antes de os negros caribenhos chegarem. Os arredores da Bathurst eram o lugar onde a maior parte da comunidade ia parar, empurrada pelos empregos e pelo preconceito para uma região onde pudessem pagar o aluguel. Ouvi dizer que somente os judeus alugavam para os negros na cidade, nos anos

1940 e 1950, que eles mesmos tinham sido empurrados pelos empregos e pelo preconceito até a Spadina Avenue. E, nos anos 1960, a economia canadense, ávida por mão de obra barata, trouxe multidões de trabalhadores negros para a Bathurst Street e seus arredores.

Primeiro eles levavam a pessoa para a esquina da Bathurst com a Bloor para situá-la, mostrar seu lugar, o ponto a partir do qual ela conheceria esse país. E sua relação com ele era evidente, uma vez que esse era o único oásis de negros de que ela teria notícia nos quilômetros e quilômetros do deserto branco que era a cidade. Eles a traziam para essa área para a pessoa ter uma noção da sua nova identidade, das redefinições que ela sabia que estavam por vir, mas que jamais poderiam ser antecipadas, embora ela suspeitasse, desde que se entregara à jornada, de que tinha aberto um lugar para elas. Bathurst era o local de novas definições. Para uma mulher, trinta anos antes, era aqui que ela trocava o uniforme de empregada doméstica pelo de cabeleireira e pelo seu melhor vestido nos dias de folga para ir ao baile de quinta à noite, pegar o bonde para o Palais Royale e dançar jive[1] ao som de Count Basie[2] e ir às reuniões sociais e rifas da Associação Universal para o Progresso Negro – Unia. Foi nesse lugar que jovens mulheres como eu, trinta anos mais tarde, abandonaram o sonho conservador do fique-em-silêncio, fale-direito, aja-como-uma-dama-mesmo-que--ninguém-a-considere-como-tal, arrume-um-bom-emprego, arrume--um-marido, conheça-seu-lugar, é-o-melhor-que-você-pode-esperar--enquanto-mulher-negra, comprima-os-lábios, bunda-pra-dentro, sorria, aceite-o-que-vier que a sociedade planejara para nós e pelo qual nossas mães ansiavam, e assumiram o natural – nada de maquiagem, sutiã, corpete ou ideais europeus de beleza. Assumiram o estilo afro e a beleza africana, o verdadeiro estilo livres-da-retórica-mentirosa.

Em 1970, o metrô da Bathurst estava cheio de *dashikis*[3], turbantes africanos, grandes brincos de argolas douradas, camisas azuis dos

---
[1] Tipo de dança de salão, com influências do boogie, rock e swing afro-americano, popular nas décadas de 1930 e 1940 na América do Norte. (N.T.)
[2] Pianista de jazz estadunidense (1904-1984). (N.T.)
[3] Vestimenta típica da África ocidental. (N.T.)

Panteras, jaquetas de couro pretas, punhos cerrados para o alto e sussurros de irmã isso, irmão aquilo, o *salam aleikum*[4] da Nação do Islã[5]. Nós memorizávamos a autobiografia de Malcom X, prestando atenção à sua dura lição, e citávamos *Os condenados da Terra*[6], de Franz Fanon, com humildade bíblica. Tivemos sorte naquele ano por termos o Movimento, e, mesmo que a comunidade branca ao nosso redor fingisse perplexidade e pensasse, como ainda pensa, que tudo aquilo era uma coisa vinda do sul da fronteira, nós o estávamos vivendo, o Movimento, quero dizer, e o metrô da Bathurst era a passagem, o elo de onde todos nós nos irradiávamos, os portais pelos quais todos nós passávamos, reforçando nossa negritude, transformando-nos de inertes em revolucionários. Era uma aposta alta. Jamais seríamos capazes de cortar o cabelo para trabalhar numa corretora vinte anos mais tarde, jamais seríamos capazes de negar nossos atos e atribuir tudo à juventude; nós não fomos a Woodstock, não suportávamos John Lennon e os Beatles, não dávamos a mínima se Elvis estava vivo ou morto, para nós ele não passava de um mercenário, e, apesar de amarmos Jimi Hendrix, víamos nele um irmão perdido. Nossos filhos jamais teriam a angústia intermitente televisionada da Geração-X-exclusivamente-branca; o desespero deles seria extremo. Não havia identidade confortável para a qual voltar, nenhuma casa com cerquinha branca nos aguardava, não estávamos desafiando nossos pais e nossas mães, mas a história. Nós assistíamos aos hippies conclamando um destino de liberdade nas telas da TV. Dizíamos: isso é bem coisa de gente branca, né? O que estávamos deixando para trás era o inferno, e não poderíamos, mais tarde, nos gabar de como tinha sido divertido ou virar conservadores e dizer que tínhamos sido ingênuos. Era pra valer, sem desculpas para os nossos filhos, sem perdão da história racial.

---

4 Saudação em árabe que significa "que a paz esteja contigo". (N.T.)
5 Movimento nacionalista negro fundado em 1930 que tem sido, ao longo de décadas, uma organização espiritual, política e social direcionada ao povo negro de base religiosa islâmica como resistência à religião cristã imposta pelos colonizadores. Malcom X foi um dos seus maiores expoentes e divulgadores nas décadas de 1950 e 1960 e rompeu com ela um ano antes de ser assassinado. (N.T.)
6 Franz Fanon, *Os condenados da Terra*, trad. Ligia Fonseca e Regina Salgado, São Paulo: Zahar, 2022. (N.E.)

Nos arredores da Bathurst com a Bloor, eu fiz parte de uma tropa de panfleteiros que trabalhou regularmente nessa esquina de 1972 a 1978. Eu tinha passado os dois primeiros anos pegando o jeito da cidade, servindo de burro de carga em vários empregos sem perspectiva e me conscientizando em discussões, em grupos de estudo, numa organização de estudantes negros, em eventos comunitários e festas, o que acabava sendo o mesmo que estudar. Qualquer que fosse o evento, eu sempre ia parar nessa esquina ou nesse metrô, esperando por uma irmã, um irmão, um grupo de irmãos e irmãs indo a um encontro, uma festa, um piquenique. Pouco importava. Parecíamos gostar do nosso visual, todos paramentados com roupas africanas, ressaltando a seriedade e a retidão do nosso movimento. Era a nossa nova estação, a capital do nosso novo país. Não consigo me lembrar de nenhuma canção específica tocando na esquina ou no metrô, mas acho que havia música, parecíamos caminhar ao som de música, e eu sei que fazíamos, de propósito, o barulho dos nossos cumprimentos invadir os espaços entre as paredes e avançar até a rua. Sei que nossa nova consciência precisava de afirmação em demonstrações públicas, porque nós estávamos nos erguendo no meio dos mortos. Então eu sei que devia haver música, e naquele tempo – se é que se pode usar "naquele tempo" para algo que aconteceu há meros 25 anos – não existia *beatbox*, então é provável que fôssemos nós cantando *à capela*, chamando os orixás para o metrô da Bathurst. Ou melhor, invocando os orixás trazidos para cá desde 1600. "Você diz que por meio do batismo eu serei como você: eu sou negro, e você é branco, então é preciso remover a minha pele para eu ser como você." Aquele irmão muito astuto, Olivier Le Jeune[7], de cujo nome verdadeiro ninguém se lembra, insultou o missionário jesuíta Paul Le Jeune em 1632. E aqui estávamos nós, em outro século, chamando por ele na Bathurst Street.

O ano de 1972 foi agitado, com a circulação de gente da Conferência do Povo Negro um pouco mais ao sul, na Harbord Collegiate[8].

---
7 Olivier Le Jeune foi o primeiro homem negro escravizado vendido em Quebec, na então Nova França. (N.T.)
8 Instituição de ensino de nível médio (N.T.)

Quando Imamu Amiri Baraka[9] veio para a cidade com o seu séquito e com as Harambee Singers[10], abriram a plenária com o canto *à capela* preenchendo o auditório até que as paredes parecessem carregadas de justiça e iminente liberdade. Os guarda-costas de Baraka cercaram o palco, o que pareceu terrível e empolgante. O ano de 1973 foi dedicado à Campanha pela Libertação de Angela Davis. Naquela época, inclusive, eu era dançarina. E escritora também. Bom, eu achava que podia fazer qualquer coisa. Então, no dia em que Fania Davis, irmã de Angela, veio para a cidade dar uma palestra no Henson-Garvey Park, eu estava não só ajudando com a comida, mas dançando com o Sans Aggra Dance Group, vestida de laranja e preto, ao som da trilha do filme *Shaft*[11]. Talvez eu tenha recitado um poema também. Eu era exibida assim, como minha avó costumava dizer, e estava energizada, comprometida com a luta a ponto de achar que podia fazer qualquer coisa.

A Bathurst Street levava à universidade, na College Street, 355, onde ficava a Unia, e lá minha formação começou. A ruptura sino-soviética dividiu o grupo que frequentava o saguão nas noites de reunião pelo Dia da Libertação da África, e o "imperialismo soviético" e o "oportunismo chinês" eram arremessados de um lado para o outro, mesmo durante a organização da celebração pelo DLA. No primeiro dia em que eu cheguei como representante do Projeto de Educação Negra, sem compreender bem que a minha organização estava do lado soviético, concordei com algumas propostas dos maoístas, sem captar completamente a artimanha deles. Eu fui manipulada por um veterano. Bem, eu simpatizava tanto com Mao quanto com Lênin. Naquele saguão, Dudley Laws[12] foi obrigado a atuar como candidato de conciliação entre os conservadores da velha-guarda e os novos radicais da comunidade. Laws era de fato um moderado, alguém com

---
9 Poeta negro estadunidense (1934-2014). (N.T.)
10 Coral de Atlanta, no Sul dos Estados Unidos, formado em 1966 e composto de cinco mulheres negras que cantavam à capela em eventos da comunidade negra. (N.T.)
11 *Shaft*, dirigido por Gordon Parks e lançado em 1971, é um marco no cinema *blaxploitation*, gênero que surge no início dos anos 1970 com protagonistas negros e temas que refletiam as questões sociais e políticas da época. (N.E.)
12 Ativista jamaicano dos direitos civis (1934-2011). (N.T.)

quem os radicais podiam ser francos e persuasivos, e com quem os conservadores se sentiam confortáveis. Então, quando eu ouvi a Polícia Metropolitana de Toronto chamando-o de radical, tive vontade de rir. Ainda vejo o semblante atormentado de Laws tentando evitar que o Projeto de Educação Negra invadisse o saguão inteiro, tentando controlar a indisciplina dos encontros do DLA, tentando conter o desrespeito aos mais velhos, impedindo alguns frequentadores insensíveis de se sentarem na cadeira sagrada em que Marcus Garvey[13] se sentara. Quando um moderado é chamado de radical, resta evidente o quanto a retaliação tem caráter direitista. Daquela vez, o saguão estava cheio de espiões da polícia; era fácil reconhecê-los pelo modo que sempre levantavam a questão da segurança da manifestação ou do comício, adicionando um tom fúnebre ao burburinho ansioso da sala.

Em 1978, estávamos trabalhando nas quatro esquinas do cruzamento, logo após o assassinato de Albert Johnson[14] pelos policiais. Meses antes, eles tinham matado Buddy Evans na Spadina Avenue. E aqueles que poderiam ter salvado sua vida disseram que ele era só um crioulo, e que podia morrer. Depois, Albert Johnson levou um tiro na escada de casa, na Manchester. Uma irmã judia e eu estávamos entregando panfletos nas esquinas, ela no lado sudoeste, eu, no nordeste. Estávamos divulgando o protesto pelo assassinato de Albert Johnson. A manifestação começaria na Manchester, iria para o Henson-Garvey Park (em 1978, nós o chamávamos de Christie Pits), depois pela Oakwood até a delegacia na Eglinton, próximo à Marlee. De repente, apareceram marxistas-leninistas na esquina noroeste, distribuindo panfletos de outra manifestação no mesmo dia. Eram uns oportunistas sem escrúpulos. Não importava que a manifestação deles não tivesse apoio dos grupos comunitários negros, não importava que nós estivéssemos tentando unir todos os grupos, inclusive os de apoio – eles tinham os contatos certos e conseguiam representar melhor as

---
13 Ativista e jornalista jamaicano (1887-1940). (N.T.)
14 Imigrante jamaicano assassinado dentro de casa pela polícia de Toronto. (N.T.)

massas negras. Eles sequer eram negros, embora sua estratégia mais recente fosse organizar grupos de pessoas não brancas em organizações "do povo". Bem, começamos a gritaria na esquina, a irmã judia e eu berrando que eles estavam confundindo as pessoas de propósito e que só podiam estar trabalhando para a polícia. Eles berrando que tinham o direito de organizar sua própria manifestação e que nós éramos os peões soviéticos. Nós os chamamos de alienadores, os acusamos de tentarem sabotar o protesto e voltamos a panfletar loucamente. Em algum momento, acho que foram embora. No dia do ato, nenhum policial uniformizado apareceu, e a delegacia estava trancada e fantasmagórica. Nós queríamos derrubar as portas, mas Dudley não permitiu. Quando a irmã de Albert Johnson cantou "By the Rivers of Babylon", nossos olhos se encheram d'água. Temos chorado desde então. Assassinato após assassinato, absolvição policial após absolvição policial.

Em 1978, as guerras pela libertação africana – em Angola e Moçambique – tinham terminado, e as brutalidades locais tomaram conta da esquina. Àquela altura, estávamos lutando na retaguarda contra os policiais e os jornais da cidade.

Eu juro que a *jukebox* no Wong's, subindo a rua depois do metrô, toca os mesmos sucessos de vinte anos atrás. Ainda posso ir lá, apertar o A73, e Aretha Franklin vai cantar "Respect". A *jukebox* é sempre a mesma, a comida é sempre a mesma; e é sempre boa. De tempos em tempos, a senhora Wong (nunca vi o senhor Wong) troca os plásticos das mesas por novos ou tenta redecorar o lugar com papéis de parede de *cosquelle*[15]. Tudo acaba sempre com a cara do Wong's, um lugar aonde se vai não pela decoração mas pela comida.

As barbearias ficam no mesmo cruzamento do metrô, e em qualquer dia é possível ouvir as conversas mais ridículas e fascinantes. Toda a retórica da diáspora desfila extravagantemente em meio aos cortes americanos e cabelos com formas geométricas. As barbearias

---
15 *Cosquelle* é uma expressão que se refere a um gosto excêntrico, berrante ou chamativo em roupas, decoração ou estilo. (N.E.)

e os cabeleireiros também são uma passagem. Do *black power* ao permanente ou aplique (feito com o cabelo de outras pessoas – não, moça, esse cabelo é meu, eu paguei por ele) *mega hair*, corte americano e sempre, sempre o *black power*. Os *dreads* das lésbicas. Os novos posicionamentos políticos nascem aqui, no jeito como cortamos o cabelo e nos destacamos em meio à onda de ternos escuros e vestidos pálidos que o resto da multidão exibe no metrô. A gente não aguenta a monotonia, não importa o gênero.

Do outro lado da rua, um pouco mais à frente, a Associação Assistencial é um lugar mais respeitável. Foi onde os veteranos de guerra negros encontraram apoio e conforto quando o racismo lhes negou o respeito merecido; é onde ficava a Biblioteca de Literatura Negra até 1977, e onde, hoje em dia, grupos de crianças uniformizadas têm aulas aos finais de semana para se recuperarem do racismo cotidiano do sistema de educação convencional.

As artérias do metrô da Bathurst carregam a vida e o empenho negros, junto a suas linhas de ônibus e bondes, até Vaughan e a St. Clair, até Oakwood e a Eglinton, de um lado, e o Alexandra Park, do outro. Todos aqueles rostos preocupados, ansiosos, esperando, comendo, aprovando, criticando, com pressa, pensando onde está a droga do ônibus da Vaughan Road e o que cozinhar para o jantar e por que aquela criança está vestindo roupas grandes, e a mãe deve estar trabalhando muito duro para pagar por aquela jaqueta de couro... Tudo isso faz com que eu me sinta em casa.

Toda a urgência da organização pela libertação do negro foi reduzida a um árduo passinho de tartaruga. Estamos tomando uma surra da burocracia multicultural, cooptados pelos partidos políticos convencionais, atolados no racismo nosso de cada dia.

Mas assim como nós tomamos conta desse metrô, percebo outras conquistas. A cidade está se colorindo lindamente. De um jeito estranho, essa é uma cidade de muita esperança. Quando penso em todas as pessoas diferentes que moram aqui – chineses, italianos, portugueses, asiáticos do sul e do leste, e nós – sou obrigada a me perguntar como tudo isso pode estar acontecendo. E há que se ter esperança apesar das pessoas. Talvez nem todos saibam o que estão fazendo, talvez se odeiem como cão e gato, e nós negros sabemos que estamos do lado errado dessa merda o tempo todo, mas alguma coisa está acontecendo. As pessoas se viram e dão um jeito de encarar a rotina para que a vida não seja tão difícil.

Nessa pequena padaria italiana da vizinhança, na Hallam, eu tomo um *latte macchiato* e como um pedaço de sanduíche de queijo. O Caribana[16] de 1992 acabou de terminar, e a mulher por trás do balcão se aproxima mancando e se senta, então começamos a conversar sobre seus pés. Eu digo para não usar salto alto, que não lhe faz bem; ela diz que já usa há tanto tempo que não consegue mais usar sapato baixo. Eu lhe digo para usar uma sandália Birkenstock como a minha, ela faz cara de desdém. Em seguida, diz: veja por esse lado, seu povo traz todo esse dinheiro para a cidade, eles querem o dinheiro, mas, quando há qualquer probleminha, vocês são gente ruim, é a mesma coisa com a gente. Sinto-me encorajada, percebendo a solidariedade. Começamos a falar do Caribana e de como qualquer alvoroço sem importância se transforma num tumulto, porque os policiais sempre querem sacar as armas quando veem os negros. É como se estivesse no código genético deles, ou algo assim. Mas o mercado não se importa se enchermos seus hotéis, restaurantes e lojas de roupa. Por fim, ela: é como o piquenique CHIN[17]– Johnny Lombardi está fazendo o melhor que pode. Veja há quantos anos, um piquenique tão legal, e agora as feministas querem acabar com a competição de biquíni, qual é o problema? Eu não imaginava que a conversa iria por esse caminho, então ri, argumentei um pouco e terminei meu *latte macchiato*, porque não queria perder a nova amizade.

Num táxi, com um jovem motorista sique[18], eu puxo papo sobre contas de telefone. Ele comenta que a conta dele é muito alta porque a esposa faz muitas ligações para casa e que já pediu para ela

---

16 Carnaval de origem caribenha que acontece em Toronto. (N.T.)
17 Evento de celebração da cultura italiana organizado pela Rádio CHIN. (N.T.)
18 O siquismo é uma religião monoteísta fundada no século XV, no Norte da Índia, especificamente na região do Punjab, pelos ensinamentos e práticas de guru Nanak Dev Ji. A palavra sique deriva do sânscrito *shishya*, que significa discípulo ou estudante. (N.E.)

parar. Eu digo que ela se sente só, deixe-a em paz. Ele ri e responde: sim, é verdade, e o afeto pela esposa ilumina seu rosto. Mas acrescenta que não ganha o suficiente e que a conta vai levar embora todo seu dinheiro. Percebo que ele não sabe que não precisa pagar tudo de uma vez e o apresento à arte de bancar as chamadas de longa distância que vão amparar a esposa pelos próximos dez anos. Sim, eu lhe asseguro enquanto saio do táxi, contanto que você pague uma parte, eles não vão suspender a linha. Estamos no Canadá, aqui se vive de crédito.

O que quero dizer é que essa cidade tem uma vida da qual os brancos, pelo menos os que gerenciam as coisas e os que escrevem cartas ao editor, nada sabem e sobre a qual não podem opinar porque estão ocupados demais lendo o jornal em busca da mais nova validação de seus estereótipos. Mas a padaria italiana tem pão de massa dura[19], e o supermercado coreano vende *ackee*[20], pastéis jamaicanos apimentados e palitos de cana de açúcar.

E é por isso que não podemos simplesmente assimilar a cultura, como as cartas aos editores costumam exigir; não devemos fazê-lo, e tudo que precisamos fazer é passear pela Bathurst Street de sapato vermelho e amarelo-canário e com excêntricas extensões capilares de cachos soltos, roxos e azuis. Temos um senso estético diferente. A gente não tolera o lugar-comum, é muito sufocante.

Sem falar no fato de que os brancos migraram para o Canadá por razões diferentes das dos negros, e aí está a natureza irreconciliável do nosso encontro. Sem falar na história, mas já falando: quando nos encontramos, os brancos estavam deixando sua história para trás, e os negros, buscando a deles. Pode ser que os brancos canadenses precisem abrir mão de seu passado, fugindo das guerras étnicas na Europa, das hierarquias étnicas e da pobreza. Para eles, o romantismo de construir uma vida nova sem o passado é atraente, de modo que a ideia de ser um canadense – uma nacionalidade pré-

---
19 Pão jamaicano. (N.T.)
20 Fruta da família do guaraná, originária da África Ocidental, muito difundida na Jamaica. (N.T.)

-fabricada com bandeira e hino e sem um passado visível ou imputável (apesar da colonização pelos britânicos e franceses) – atrai os europeus brancos que precisam de um espaço vazio, um espaço sem uma história dolorosa, com um passado antisséptico e inocente. E, quando eles encontraram os descendentes dos franceses e dos britânicos aqui, seus interesses se fundiram no desejo por uma nação imaculada e sem memória. Por outro lado, os negros que moram no Canadá, que vêm para o Canadá, a partir dos Estados Unidos ou do Caribe, tiveram e têm a tarefa do resgate necessário de nossa história roubada. Não queremos fugir da nossa história, mas resgatá-la; nossa história é, para nós, redentora e restaurativa, na medida em que ela nos conecta a uma dor comum, nos conecta a uma busca comum por um bálsamo para essa dor.

E o que esses leitores que enviam cartas aos editores – ingleses, franceses, ucranianos, alemães, italianos, portugueses etc. – têm em comum, afinal, fora a "branquitude", quando lançam suas injúrias desonestas do tipo "as pessoas que vêm para o Canadá deveriam simplesmente se tornar canadenses." Bem, isso exigiria ciência. Não vontade. Diga amém para Olivier Le Jeune 374 anos depois.

Então nós não vamos a lugar algum, e não vamos desaparecer ou ficar calados no metrô da Bathurst, ou na Bathurst Street, ou em qualquer rua que conquistemos – Eglinton, Vaughan, Marlee. Se nosso estilo de vida incomoda você, dê seu jeito. É a vida, estamos apenas indo para casa.

Em 1992, Malcolm ainda é referência. As *Flygirls* e os *b-boys* exibem o X em peças de couro e nos bonés Kente[21], e ouvem seus discursos no walkman, sampleados em rap *back-beat*. Os cachos soltos em espiral laranja, roxos e azuis das adolescentes, os vestidos balonê, os shortinhos, as camisas gigantes de cetim, seda e cotelê, apesar do intervalo geracional, não são inteiramente incompreensíveis para mim. Eu me reconheço.

---
21 Tecido tradicional produzido pelos povos do grupo étnico axante, de Gana. (N.T.)

As vozes dos vendedores de incenso e dos ambulantes oferecendo frutas e legumes flutuam sobre as notícias de protestos por causa do último assassinato de um membro da comunidade negra pela polícia. É uma esquina carregada do tipo de continuidade que mistura sorte, esperança e resignação com o destino de quem é negro nessa cidade. E mais uma vez há todo um virtuosismo na simples superação.

EMPREGO

Foi naquele escritório minúsculo nos fundos de um prédio da Keele Street. Eu tinha ligado na manhã anterior procurando emprego, e o homem que atendeu fez um comentário sobre o nome escocês marcante do meu suposto pai e me disse para eu ir até lá e o emprego seria meu. Sim, foi naquele escritório minúsculo nos fundos de um prédio da Keele, quando eu estava prestes a completar dezoito anos, e eu me arrumei com meu melhor *tailleur*, salto alto e batom e meus 44 quilos na dura missão de aparentar certa heterossexualidade feminina, querendo ficar parecida com o que o homem ao telefone havia imaginado e assim conseguir o emprego. Quando cheguei àquele pequeno escritório, vi o sorriso do homem do telefone desvanecer e o emprego sumir porque, de repente, era necessário ter experiência ou alguém tinha chegado antes de mim, e não, não haveria entrevista, e se fosse hoje eu teria processado o canalha por ter me feito ir embora com meu eu de dezoito anos tentando não chorar e sentindo a risada, aquela risada dos negros, o deboche e o autodeboche crescendo em meu peito. Sim, foi o homem do telefone, naquele escritório da Keele Street, aquele homem sonhando com uma garota escocesa que ele pudesse molestar enquanto ela catalogava documentos nos arquivos daquele escritório minúsculo, foi a vontade de chorar no meu melhor *tailleur* e de salto alto, com o qual eu mal podia andar, e o batom que minha irmã me ajudou a passar sem borrar, fez minhas sobrancelhas e me fez usar base para, imagino eu, atenuar o impacto da minha negritude de modo que o homem do escritório minúsculo me desse aquele emprego. O que impulsionou minhas pernas de volta ao metrô foi a vergonha. De eu ter tido a audácia de pensar que conseguiria aquele emprego, mesmo tão ignóbil e insignificante que algum homem branco seria capaz de se deixar levar e pelo menos me ver como alguém que ele pudesse explorar, e eu estava disposta a me submeter à exploração. Era 1970. Uma cozinha, então, talvez, mas não um escritório. Minha irmã trabalhava em cozinhas de hospitais, e foi lá onde eu de fato arrumei um emprego na semana seguinte, e foi lá que nós esperamos pelos altos e baixos dos favores e das exigências desse lugar branco.

CUBA

Eu não sei se foi em 1959 ou 1960 que meu tio mais velho, tendo ouvido falar da revolução em Cuba, pegou um barco pesqueiro da costa sudeste de Trinidad, na vila de Mayari, de onde num dia claro é possível ver a Venezuela, e partiu para Cuba para ver o que estava acontecendo. A única coisa de que me lembro é ouvir a história e recordar seu rosto, que se abria num largo sorriso dourado, o tipo de sorriso que guardava segredos e que ria de você tanto quanto ria com você. Nem todos os dentes eram de ouro, apenas alguns na frente, o que sugeria certo estilo perigoso, porém carismático. Eu ouvia essa história e o imaginava misterioso e ousado, uma vez que meu avô sempre dizia que ele era um grande tolo por ter feito aquilo. Ir para Cuba, digo.

Deve ter sido no conjunto habitacional de Mon Repos. Nós morávamos na rua McGillvray, número 21, conjunto Mon Repos, em San Fernando, a terceira casa antes do fim da rua, no lado esquerdo, e, quando não tínhamos o dinheiro do aluguel, vínhamos pelo fim da rua em vez de vir pela frente. O escritório do conjunto ficava na frente. O aluguel era doze dólares por mês e nós raramente ficávamos em dia. A gente não se achava pobre, a gente achava que era bem de vida, mas, durante duas ou três semanas de cada mês, a doação de uma porção de açúcar ou de arroz dos vizinhos era o que nos fazia sobreviver. Era preciso ser pobre para morar no conjunto, mas, independentemente de qualquer coisa, as pessoas inventavam hierarquias, e havia classes dentro da classe; o marido da vizinha, que nunca falava nada, era funcionário da Texaco, então eles eram melhores de vida; construíram uma cerca e, além disso, criavam galinhas. O pai da melhor amiga da minha irmã era funcionário da McEarney Auto e eles tinham um carro, o que fazia deles um pouco melhores de vida, apesar de serem uma família numerosa e o único filho homem ter água na cabeça, então ele se sentava na janela segurando a cabeça e memorizando as placas dos veículos. E aí todos suspeitavam de que os outros tinham dinheiro na surdina; de fato, todo mundo tentava convencer os outros de que tinha dinheiro na surdina para provar que era gente de melhor qualidade. Minha família achava que se saía bem por causa do decoro, então a gente não podia sair e brincar na rua, nem ir para a escola dominical – primeiro porque ia parecer que estávamos fora de controle, "um bando de preto selvagem", e segundo porque não tínhamos boas roupas, nem bons sapatos, e nem, minha família suspeitava, boas maneiras para frequentar a escola dominical. É por isso que nunca fui uma pessoa religiosa. De todo modo, com tanto fingimento para não parecer pobre, a rua era muito calma e circunspecta, a não ser pelo fato de que de vez em quando ouvia-se a sonora gargalhada de alguém que, de tanto tentar ser decente, um dia ouvia o rugido de uma risada indecente lhe rasgar o peito. Ser decente e bem de vida eram uma coisa só, o que significava que ser pobre e indecente eram a mesma coisa também. Quando essa risada era ouvida, as casas das quais ela não tinha vindo torciam os narizes e chamavam os infratores de "indecentes", até o dia em que ela rasgava suas gargantas e o jogo virava. Às vezes as pessoas não se cumprimentavam na rua só para manter distância e manter os indecentes no devido lugar. E às vezes, quando alguma família entrava para a igreja, fosse a Igreja Adventista do Sétimo Dia ou a Igreja de deus, eles cumpriam a devota missão de visitar as pessoas e ser condescendentes, já que tinham achado outra forma de serem decentes e de pertencerem a uma classe melhor, pois estavam mais próximos de Deus. Todo mundo tentava ser diferente de todo mundo, mas sem nenhuma base que justificasse a diferença. Todo mundo ali tinha fugido de alguma parte do país como Manzanilla, Moruga, Tableland ou Morne Diablo. Cada uma das casas tinha dois quartos, uma sala, uma cozinha e um banheiro. A casa tinha espaço para todos na minha família, exceto para aqueles que tinham se afastado por uma razão ou outra – gravidez indesejada, delinquência, desavenças. Havia espaço para dez ou onze pessoas a qualquer momento, e para mais parentes desafortunados de outras partes do país que estivessem em apuros ou desempregados. Tanto que muitos dos meus pesadelos contêm quartos lotados. Mas nós nos virávamos bem porque meu tio era monitor de ensino e estava se preparando para ser professor na escola técnica em Mausica. Certa manhã, quando eu tinha oito ou nove anos, ele não pôde ir a Mausica porque eu tinha roubado os 25 centavos de que ele precisava para pagar o carro que o levava pelos quase 65 quilômetros até lá. Eu coloquei o dinheiro na meia, e ele não descobriu, mesmo tendo mandado a gente tirar toda a roupa bem na hora em que estávamos saindo para a escola. Minha avó viu quando eu ardilosamente empurrei a meia para dentro do sapato, e não disse nada. Só à tarde, quando eu voltei da escola, satisfeita graças aos 25 centavos gastos em doces e anchar de manga[1] e à consequente popularidade, ela apertou minha orelha entre o dedão e o indicador e sussurrou: "Eu vi o que você fez. Nunca mais quero ver isso de novo." Ela guardou o segredo, e eu nunca me esqueci da vergonha. Para falar a verdade, houve um momento daquele dia em que eu entrei em pânico, sem saber se conseguiria gastar tudo e o que faria com o troco.

Nessa mesma época, voltei a ouvir falar de Cuba. Todos os rádios da rua estavam sintonizados na Rádio Trinidad, no Serviço Mundial da BBC. No lado de fora, já que todo mundo aumentava o volume, soava a voz do locutor do Império falando de Playa Giron e, não muitos meses depois, da Crise dos Mísseis em Cuba[2]. Sobre a Baía dos Porcos, minha família bravateava que Fidel tinha afundado os ianques no mar. Sobre a Crise dos Mísseis em Cuba, bradavam que Kennedy tinha confrontado Kruschev e o comunismo. Essa última bravata vingou após dias de discussões sobre quão sérios e durões eram os russos, e se Kennedy "acha que é homem", então ele que cuide de Kruschev. As discrepâncias nas posições familiares sobre Playa Giron e a Crise dos Mísseis deviam-se ao curioso nacionalismo caribenho de minha família e à propaganda da Guerra Fria e da ameaça vermelha nos quais estavam igualmente imersos. A bem da verdade, eles também adoravam os Estados Unidos. Eles não sabiam nada sobre comunismo, conviviam apenas com as tenebrosas advertências em seu desfavor e com a apropriação do tema para desacreditar líderes sindicais e todos

---
1 Receita típica do Caribe de preparo de conserva de manga verde. (N.T.)
2 A Crise dos Mísseis em Cuba aconteceu de 22 a 28 de outubro de 1962, durante a Guerra Fria entre Estados Unidos e União Soviética. O estopim da crise foi a instalação soviética de mísseis nucleares em Cuba, que desencadeou uma série de bloqueios e sanções à ilha por parte do governo estadunidense. (N.E.)

que parecessem determinados ou perigosos. Por outro lado, eles eram fascinados pela ideia do comunismo. Qualquer pessoa séria ou obstinada era chamada de comunista. Diziam: "Ele é comunista, viu, não mexa com ele", ou "Tá vendo a minha cara? Sou comunista, não me faça de besta", ou "Tu tem sorte de eu não ser comunista, sai daqui."

Cuba se desvaneceu na minha família depois disso, como se não fizesse mais parte do planeta. Todo aquele poder estadunidense atraiu nosso olhar para o que realmente importava admirar e amar: dinheiro, educação, progresso. Eu não estudei espanhol no ensino médio do Colégio Naparima Girls. Estudei francês, com os olhos na Europa e nos peitos da professora. Como sempre, éramos um povo prático. Não fazia sentido mirar em Cuba. A gente entendeu quem era o chefe e se acomodou ou seguiu em frente; além disso, a expulsão de Cuba do mundo garantiu ao comerciante e a intermediários sem qualquer imaginação poder e influência consideráveis no resto do Caribe. Eles não eram mal orientados ou massa de manobra como, no fundo, gostaríamos de acreditar. Não se tratava de nenhum enredo moral em cujo núcleo grandes homens divididos tinham sido colocados. Eram apenas pequenos comerciantes que sabiam reconhecer uma boa falcatrua quando viam uma. Não passavam de intermediários em transações de importação e exportação com um novo artifício: o governo democrático. Conheciam a retórica nacionalista, talvez até acreditassem nela, e estavam preparados para usá-la para conseguir a franquia de importação de pequenas mercadorias inúteis em Trinidad, como mesas e cadeiras de plástico e flores artificiais, e de grandes mercadorias extravagantes, como automóveis, pelas quais eles paravam o trem de Port-of-Spain para San Fernando; depois, tudo isso levava a uma busca por barras de ferro forjado para as vitrines das lojas e as janelas das casas e ao consumo desenfreado em Miami.

Essas coisas práticas poderiam não ter tido nenhuma importância se não fosse por um pressentimento que eu tive de não partir para nenhum lugar que valesse a pena se as coisas estivessem tomando o rumo que eu estava vendo. Eu tinha visto coisas que deixavam muito claro, para mim e para qualquer criança, o que estava acontecendo, às vezes sem que nada fosse dito. Minha professora do quarto ano gostava mais do filho de pele clara do que do filho de pele escura, e ela estava sempre gritando com o de pele escura, dando tapas na parte detrás da cabeça; e todos nós sabíamos o porquê, uma vez que todas as meninas de pele clara se sentavam na frente na aula dela, e todas as de pele escura, no fundo. Antes disso, na escola particular da Srta. Greenidge, virando a esquina, quando eu tinha três ou quatro anos, um menino chamado Garnet, de pele clara e filho de gente rica, virou o mascote da professora. E, quando ele me emprestou o lápis de ardósia e eu o perdi, a Srta. Greenidge disse que eu era uma "negrinha velha" que não sabia usar as coisas das pessoas de bem, me bateu com uma vara de goiabeira e me colocou para fora da sala. A cor também me separou de minha irmã mais velha quando ela me levou para o primeiro dia de aula na escola grande. Ela era mais escura do que eu, e todos os seus amigos a fizeram chorar, rindo e dizendo que eu não era sua irmã e que ela estava mentindo. Bem, eu não gostei de eles terem feito minha irmã mais velha se sentir infeliz e, o pior de tudo, querer me renegar. Essas coisas a gente conhece desde cedo e diz que, se é para viver, não quero que seja assim. O que faz as pessoas seguirem pelo outro caminho é que eu não entendo. É mais difícil, não é? Elas não ficam satisfeitas, como eu fiquei com os 25 centavos do meu pobre tio, a ponto de a coisa deixar de ser engraçada? Não basta que tenham visto a pobreza ou o sofrimento.

Mas, voltando ao assunto, pode ter sido um velhinho magro que eu tinha visto nos jornais na mesma época, um cara culto e que àquela altura já era um tesouro nacional, que tinha dito que não precisava de um pedaço de papel de uma universidade para validar sua inteligência. Um homem tão leve e de tanta confiança como esse me lembrou de meu avô, esguio como uma folha e indiferente às armadilhas coloniais raciais. Seu nome era C.L.R. James[3], e eu gostei da ousadia

---
[3] Cyril Lionel Robert James (1901-1989), conhecido como C.L.R. James, foi um destacado intelectual, escritor, historiador, teórico político e ativista de Trinidad e Tobago. É reconhecido por suas contribuições significativas para o pensamento político e social, particularmente no contexto das lutas anticolonial, marxista e pelos direitos civis. (N.E.)

daquela afirmação, da superioridade dela e do fato de que, enquanto estávamos embriagados no glamour local de um líder nacional negro[4], numa nação recém-descolonizada, ele havia sido amigo de Trotsky anos antes.

O líder nacional negro, que tinha acabado de retornar, autor de *Capitalismo e escravidão*[5], tinha medo dele, embora C.L.R. tivesse sido seu mentor e professor, o que talvez possa explicar o medo. Mesmo assim, *Capitalismo e escravidão* foi um trabalho inovador sobre o crescimento do chamado Mundo Ocidental à custa da escravidão negra. Eu me perguntei, aos quatorze anos, por que Eric Williams teria medo de C.L.R. James, uma vez que o próprio Williams era um radical, ou pelo menos representava a ideia radical de que os negros em Trinidad podiam se livrar do jugo do colonialismo e governar a si próprios, e que o colonialismo britânico tinha nos explorado e oprimido enquanto nos convencia de que éramos inferiores. Então, por que com ideias tão poderosas e persuasivas, necessárias e justificadas, C.L.R. James o assustava? Por que o arquiteto do nacionalismo negro de Trinidad temia o arquiteto do Congresso Pan-Africano?

C.L.R. não tinha estudado em Oxford e tinha se tornado um intelectual marxista reverenciado no mundo todo; Williams tinha ido para Oxford e voltado de lá com uma retórica que levaria uma nação em processo de descolonização a um choque coletivo de admiração, prenderia essa nação ao rádio e encheria as ruas da capital com o povo entoando em coro "A época de Massa[6] chegou ao fim". Mas C.L.R. me fascinava, mesmo que eu ficasse grudada no rádio ouvindo os discursos de Williams naquele *staccato* audacioso, anticolonial, zombeteiro, com aquele jogo de palavras e aquela linguagem imponente da Universidade de Woodford Square. Talvez a explicação estivesse nos nomes dos partidos que eles liderariam: o Movimento Nacional Popular, de

---
[4] A autora se refere a Eric Williams (1911-1981), que foi o primeiro primeiro-ministro de Trinidad e Tobago após a independência, em 1962. Ele é mais conhecido pelo seu livro *Capitalismo e escravidão* (1944), que examina a conexão entre o desenvolvimento do capitalismo e a escravidão nas Américas. (N.E.)
[5] Eric Williams, *Capitalismo e escravidão*, trad. Denise Bottmann, São Paulo: Companhia das Letras, 2012.
[6] "Massa" é uma corruptela de "Matthew" (Lewis), um senhor de engenho inglês explorador das riquezas de Trinidad e Tobago, que acabou se transformando em um mote referindo-se ao colonialismo. (N.T.)

Williams, e mais tarde o Partido dos Trabalhadores e Agricultores, de James. E, além de tudo, a censura, na prática, anticomunista, imposta por Williams à circulação dos livros de James no país. Eu leria *os jacobinos negros*[7] e o romance *Minty Alley*[8], ambos de C.L.R., logo depois. Talvez a diferença estivesse no fato de que C.L.R. resgatou a resistência que o povo criou contra o colonialismo e a escravidão, enquanto Williams falava da esmagadora natureza do colonialismo. Uma sutil diferença, e ambos eram necessários, mas um rejeitava o poder colonial como decrépito aparato ao longo de toda a história, enquanto o outro se entregou demais à contemplação.

Talvez a insinuação de que certa ideia não tinha efetivamente questionado o poder colonial tenha me despertado um interesse visceral.

Sei que foi 24 anos mais tarde, depois de um voo para Granada durante a revolução, igual ao meu tio, mas não apenas para ver o que estava acontecendo, e sim sabendo perfeitamente o que estava acontecendo, para trabalhar no que estava acontecendo, que o reencontrei. Mais uma vez guiado pela curiosidade. Dessa vez, ele tinha ido de avião. Era sua primeira viagem de avião, ele me contou, embora não tivesse sido a primeira vez num barco de pesca na viagem anterior, quando foi a Cuba para ver o que estava acontecendo depois de Fidel ter descido da Serra Maestra. Eu me encontrei com ele inesperadamente na região portuária de Carenage, em St. George's, Granada. Nessa época, ele não estava mais tão viril; era um homem velho com a barba rala por fazer. Usava uma camisa amarela manchada, calça marrom surrada, chapéu de palha de abas finas e levava uma pequena bolsa marrom no ombro esquerdo. Estava caminhando perto dos pequenos barcos que iam para Trinidad todas as segundas, quartas e sextas-feiras com produtos agrícolas. O povo de Trinidad ficou arrogante e parou de cultivar alimentos quando recebeu dólares do petróleo, era o que os granadinos gostavam de dizer. E os granadinos

---
7 *Os jacobinos negros: Toussaint L'ouverture e a Revolução de São Domingos*, trad. Afonso Teixeira Filho, São Paulo: Boitempo Editorial, 2000. (N.E.)
8 C.L.R. James, *Minty Alley*, Londres: Penguin Books, [1936] 2021.

tinham uma mão boa para o cultivo de alimentos. Bem, ele estava andando a caminho de uma hospedaria quando eu, indo em direção à cidade, o vi. Ele não estava procurando por mim. Não acho que soubesse que eu estava lá. Não acho que soubesse que eu me lembrava da história de sua ida para Cuba num barco de pesca. E não acho que soubesse que essa é a história que provavelmente me levou a Granada. Incrédula, gritando-me aproximei, dizendo: "Tio, tio! O que você está fazendo aqui?" Ele me olhou e não me reconheceu. Afinal, eram muitas sobrinhas e sobrinhos, e ele era uma pessoa tão imponente, apesar de não parecer tão imponente naquele momento, então me apresentei: "sou eu, Dionne." "Sim, sim, e eu num sei?!", respondeu ele. "E num conheço minha própria sobrinha? Sim, sim, menina Dionne!" E ele sorriu, com aquele sorriso habitual, àquela altura não tão perigoso, e um olhar que ainda dava a impressão de que estava rindo de mim. "Que cê tá fazendo aqui?", repeti, notando que ele parecia ter ficado pequeno, e temi por um instante que minha família, a máfia Brand, o tivesse enviado para me tirar de Granada, já que eles achavam que eu era louca de ir para uma revolução. E pensando nisso, mas me lembrando de como meu avô tinha dito que o tio era um idiota por ir para Cuba num barco de pesca, eu o ouvi exclamar: "Vim vê o que tá acontecendo aqui, ora! Todo mundo fala tanta coisa daqui que vim vê com meus próprios olhos." "E veio como?", perguntei, retomando nosso linguajar. "Ih, menina! Avião! Peguei avião. A primeira vez, sabia? Menina! E vô dizê, morri de medo! Meu Deus! Quando o avião subiu, comecei a rezar: meu Deus, por que tô fazendo isso? Pra onde eu tô indo? Minha nossa! Mas eu fechei os olhos e não olhei pra baixo, dá muito medo." Eu não conseguia parar de rir, ali em Carenage, e ele riu também, com aquele sorriso largo dele. "Mas e eu num ia vir? Cê num acha?" Claro, nós éramos camaradas. "Mas, menina, o lugar num é essas coisa toda. É disso q'eles tanto fala? Fui no zoológico. Num tem nada lá", ele riu, "dois macaco e um papagaio! Onde já se viu? Mas o q'essa gente quer com esse lugar?" "É verdade, tio, mas tô feliz em te ver. Quer ficar comigo?" "Não, não, não, menina, num se preocupe comigo. Tá tudo resolvido." Eu tinha me esquecido, vendo aquele rosto já bem menos ameaçador, que na juventude ele também era considerado mulherengo. "Tem uma hospedaria de uma madame logo ali. Onde cê tá hospedada? Vou te visitá." Com isso, meu tio se despediu em Carenage, e eu não o vi mais naqueles dias.

Bom, eu me juntei à revolução em Granada em 1983, e ainda posso dizer que foi o melhor ano da minha vida, porque ele fez o mundo finalmente parecer certo. O tio tinha me infectado ao pular naquele barco de pesca em direção a Cuba, e nada parecia certo até eu ir para lá. As revoluções não são tão simples quanto as palavras usadas para descrevê-las depois que elas fracassam ou triunfam. As palavras não dão conta da sensação de clareza no corpo ou da nitidez no cérebro, e elas não são capazes de interpretar a total validação de pessoas como eu, que precisam de revoluções para se reconciliarem com a própria presença num dado lugar. O que me levou para lá foi a impossibilidade de conviver com o mal-estar da invasão e da escravização, e não me parecia que caminhos que sugerissem mesmo de leve a aceitação dessas coisas pudessem ser uma saída. Eu não conseguia escolher outra coisa senão me agarrar à esperança de que o mundo poderia ser revirado. A quentura contínua da pobreza não explica totalmente essa necessidade, nem a cronologia de eventos terríveis que é a minha história, mas é tudo isso, e os sinais na minha pele, que me mantêm desperta e alerta.

Conheci os cubanos em Granada. Meu espanhol era terrível – não sei como o tio se comunicou com eles em 1959, mas eu não falava muito. Eles estavam construindo um aeroporto e algumas escolas. Então, houve o golpe. Muitos deles foram mortos quando os estadunidenses invadiram e a revolução terminou.

E então, num junho qualquer, uma amiga poeta me confessou: "Fiquei tão decepcionada quando soube que você tinha ingressado no Partido Comunista." Sua voz tinha uma decepção genuína e detectei também acusação. "E Stalin?", continuou ela. Hesitei, sentindo-me levemente atordoada com a paixão em sua voz; parei de caminhar por aquela avenida verde do campus em que estávamos e retruquei, um pouco admirada e pega de surpresa na noite amena de Massachusetts: "Mas eu sempre me mantive nessa direção. Era inevitável, necessário." Eu não conseguia entender por que ela achava que invocar o nome de Stalin iria jogar todo o assunto na infâmia. Stalin, o talismã ofuscante que apaga a luz de uma ideia tão profundamente humana quanto a distribuição igualitária da riqueza, o livre gozo do próprio trabalho. Não houve nenhum talismã para o capitalismo, no entanto. Truman, Kennedy, Nixon, Reagan, Bush, Verwoerd, Botha, Thatcher, Sukarno, Pinochet, o FBI, a CIA, os industrialistas capitalistas, todos esses, apesar dos rios de sangue e de dor correndo sob seus pés, se camuflam na mística do que eles chamam de democracia e prosperidade – e a insipidez de seus terrores, torturas, massacres, desastres não invocaram nenhuma paixão além da minha naquela noite.

Foi a liberdade do tio. Do nada, levantou-se e pegou um barco de pesca para Cuba. Eu fico me perguntando o que eles pensaram quando o viram. Ouvi dizer que o mandaram de volta. Sei que ele desembarcou em alguma pequena aldeia parecida com sua aldeia natal. Tenho certeza de que ele abriu aquele sorriso para alguma mulher, que acabou alimentando-o e tentando decifrar o sorriso. Foi o que ele achava possível – ou a minha impressão de que ele tinha imaginado algo além da vida que levava. A maneira como ele foi, como se estivesse indo a um grande evento, um lugar diferente. Ele era autêntico e sentia seu corpo vivendo em qualquer lugar que escolhesse, ele sentiu o corpo vibrar ao pensar em Cuba, sentiu o corpo cruzar a areia em direção ao barco de pesca. Ele sentiu as mãos afrouxarem a corda, sentiu o corpo entrar no barco e dar o impulso. Ele sentiu o mergulho, a ondulação e o enjoo no mar, sentiu o descaso do corpo com a própria miséria ao imaginar Cuba. Ele sentiu tudo isso não como algo separado, mas como um movimento único que se iniciou quando ouviu o rádio até o momento em que viu Cuba. Foi a certeza de que Cuba era o lugar para onde deveria ir, de que ver Cuba era o que ele precisava fazer naquele momento. A costa devia estar bem patrulhada, ele não pensou nisso; ele só ia incomodar, também não pensou nisso. Só pensou em si mesmo em Cuba no meio da revolução. Nunca perguntei a ele por que fez isso. Só de olhar, já era possível saber, e eu não queria que a resposta atrapalhasse a imagem que eu tinha dele; ele poderia ter dado uma resposta tola ou vaidosa, dito a coisa errada, ou pode ter mudado de ideia, pensando no assunto como algo que seu corpo tivesse feito contra a vontade. Ou talvez ele tivesse ido só para irritar o pai, que achava a ideia idiota. Mas, sinceramente, eu não precisava que fosse compreensível ou evidente, ou mesmo que fosse por razões passíveis de serem consideradas corretas. Talvez fosse apenas curiosidade.

Nem mesmo as manchetes de meia página conseguiam me dissuadir, embora tenham me deixado com um aperto no peito – "O Comunismo Está Morto", "A Morte do Comunismo" –, até que me lembrei de como a maior parte do mundo ainda estava. As manchetes alardeiam a vitória dos ricos, a fraqueza dos pobres, mas eu me lembro de Cuba.

BROWNMAN, TIGER . . .

Então, eles não ficam em casa chorando com os filmes de Martin Luther King ou Malcolm X, nem ficam imobilizados por causa da perda, eles são mais inquietos. A tristeza não os paralisa. Não são imigrantes, por isso não são gratos pela existência marginal que suportam. Eles nasceram aqui, ou não se lembram de nenhum outro lugar; conhecem as mães aos três, quatro, dez anos. Ensinaram meninos italianos e meninas portuguesas a falar em patoá[1] e a dançar *bogle*[2] ao som de Shaba[3]. Mudaram o sotaque dos ônibus que vão para a Eglinton Avenue, a Trethewey e Jamestown. Eles falam uma língua na sala de aula e outra em casa; acham que as mães são trouxas por irem brigar em hospitais e asilos. Veem nisso e nas ameaças uma fraqueza. Eles foram espancados, desencorajados e afastados das salas de aula dessa cidade. Ninguém sabe o que eles realmente pensam, e eles não vão dizer, exceto nas festas em porões apertados ou em salões de baile com detectores de metal, que eles frequentam de qualquer jeito, com ou sem grana – moças e rapazes. Eles não estão na rua como a minha geração antes deles; o olhar deles é introspectivo e alimenta a ira.

Eles estão ansiosos e infelizes e não leram Fanon ou Walter Rodney para saber das causas e das soluções. Na verdade, quando eles chegaram, Fanon já tinha morrido, Rodney já tinha sido assassinado, seus pais e muitos negros que lutaram pela libertação na América estavam com medo, com medo de não escaparem e com medo de seus filhos não escaparem, assustados com toda a matança – Malcolm X, Martin Luther King, George Jackson, Jonathan Jackson – e com as prisões – as prisões em massa simplesmente por se sentar, protestar ou estar no lugar errado com a cor errada, outras prisões só porque fala-

---
[1] O termo patoá refere-se a uma linguagem ou dialeto misto, muitas vezes uma combinação de diferentes idiomas e influências culturais. É usado para comunicação entre pessoas de diferentes origens linguísticas, criando uma forma de comunicação híbrida e adaptada. (N.E.)
[2] Movimento de dança originário da Jamaica. (N.E.)
[3] Shabba Ranks, cantor jamaicano. (N.E.)

ram, porque se levantaram, Angela Davis. Assustados simplesmente por serem negros.

Quando eles chegaram, o que restava eram as ruínas comercialmente alteradas da revolução negra dos anos 1960, e quem ficou em casa tinha dois empregos e estava tentando sobreviver. O que eles ouviram foram os ecos de Malcom como se fossem mantras sem sentido, "por todos os meios necessários", e foram guiados por gravadoras na unção de seus novos líderes revolucionários: gângsters rappers... fazer o quê. Agora, a revolta entrou em ação, derretendo e corroendo qualquer vitória, por menor que fosse. Os revisionistas entraram em ação, o grande maquinário legitimador da democracia liberal passou a se exibir como eterno defensor da igualdade racial, vendendo-a na cultura popular, fazendo filmes — *Mississipi em chamas*, com o FBI liderando o Movimento, e vários outros clones cinematográficos, o idílio racista *Conduzindo Miss Daisy*, só para colocar as coisas de volta no lugar, *Faça a coisa certa*, de Spike Lee, só para dizer que a ação em massa foi uma reação exagerada, tola e responsável pela tragédia.

Os jornais disseram que os imigrantes estavam roubando empregos dos brancos, que os jovens negros estavam ficando descontrolados, que antes de os negros virem pra cá não existia racismo, que antes da juventude negra não havia crime, que vivemos numa sociedade multicultural, diziam que, quando as pessoas se mudam para cá, tudo que precisam fazer é abandonar sua cultura e se tornar canadenses, que o multiculturalismo estava saindo muito caro, que em breve haverá mais pessoas não brancas do que brancas aqui, que para ser canadense era necessário ser branco. Assistindo a tudo dos melancólicos pátios escolares, refeitórios, shoppings e prédios públicos, nessa cidade do norte que mal reconhecia sua existência e que lutou arduamente para não lhes dar uma educação igualitária, negando o racismo das seleções direcionadas das escolas de alto padrão e alimentando longas e intermináveis discussões sobre poderem ou não se sentir insultados por *Little Black*

Sambo[4] ou ser ou não realmente necessário conhecer a própria história, eles entenderam tudo. Nessa cidade, onde o planejamento pedagógico anual para crianças brancas alega que precisa dos mesmos privilégios especiais concedidos às crianças negras, não é de se admirar que eles não estejam satisfeitos com o papo "eu tenho um sonho" de Martin Luther King. Nessa cidade que se incomoda com a presença deles, mas se esquece de que nos anos 1960 e 1970 importou suas mães aos milhares para trabalhar em cozinhas e fábricas. Nesse país que passou a considerar até as mães supérfluas e que chegou a pedir que, inclusive, não trouxessem seus penduricalhos com elas, os apelidos raciais dominam os campinhos e cabe às crianças ignorá-los para não serem consideradas cheias de frescura. Essa cidade, a Toronto do Bem, que coloca a polícia atrás deles por estarem passeando pelas ruas, por darem as caras com a própria pele em shoppings e estacionamentos e os persegue por becos quando eles estão tão machucados que tentam se drogar até a morte em vez de encarar a própria imagem. Quem pode culpá-los por não acreditarem mais no que veem? Alguma pessoa branca é capaz de imaginar toda a sua população adolescente ouvindo que não é boa? Consegue imaginar a devastação dessa declaração vinda do prefeito da cidade do bem, do chefe de polícia da cidade do bem e de todo mundo que tem uma arma na cidade do bem? Nessa cidade do bem onde empilham mães e crianças em conjuntos habitacionais de teto baixo, onde o coração aperta a garganta e onde não há espaço para respirar nos corredores, muito menos para se imaginar fora dessa cidade tão bondosa. Foi nessa cidade que houve uma audiência de imigração com um menino que chegou com doze anos; queriam mandá-lo de volta. Não se preocupem, eles sacaram qual era a dele, e o menino provavelmente veio cheio de esperança até que lhe empurraram a desesperança goela abaixo, até que lhe disseram que ele seria uma estrela do basquete, ou talvez um jogador de futebol, ou quem sabe pudesse cantar. Até que o fizeram perceber que as únicas opções eram ser uma estrela ou um criminoso. Sim,

---

4 História infantil da escocesa Helen Bannerman, publicada em 1899, que conta a história de um menino indiano descrito fenotipicamente como menino negro, que se tornou uma espécie de arquétipo condescendente do negro. (N.T.)

algum professor, branco, de Educação Física, beirando a meia-idade e se perguntando por que não tinha ido muito longe na carreira e tinha de se contentar em comandar jovens negros altos, prometendo-lhes a NBA e sonhando em ser ele mesmo um grande treinador, ou talvez nem sequer sonhando, mas fantasiando enquanto assiste a Phil Jackson no canal de esportes gritar com homens negros adultos, fantasiando estar lá, mas ele nem precisava de fato estar lá para dizer aos meninos negros como jogar porque ele era tão machão, mais macho do que negros de dois metros com braços do tamanho da quadra central. E sua fantasia justifica toda a sua vida, mas precisa de um jovem negro, talvez doze caras do tipo do Tiger[5], que poderiam ajudá-lo a sonhar com o estilo de vida dos ricos e famosos, e essa é uma fantasia que pode mantê-lo até a aposentadoria, mas uma fantasia que não abre mão de Tiger até que ele esteja na porta de alguma cafeteria, como a Just Desserts, em Toronto, prestes a assustar algumas pessoas, de modo que elas sintam mais medo do que ele, o que então anula o próprio medo.

Quais outros filhos são maltratados assim? E ainda conseguiram acusar uma avó na Jamaica, com quem Tiger supostamente cresceu. Isso é culpa de alguma velha negra. Em que profundidades da bisonha caixinha de surpresas sempre imprevisível da ideologia racista eles precisam vasculhar para saírem com essa? Mulher negra má, claro. Família negra disfuncional, pois então.

James Baldwin no verão dos seus catorze anos:

> Foi um verão de terríveis especulações e descobertas. [...] O crime se tornou real, por exemplo – pela primeira vez –, não como *uma* possibilidade, mas como *a* possibilidade. Ninguém superaria as próprias circunstâncias trabalhando e economizando centavos; ninguém jamais conseguiria, trabalhando, adquirir tantos centavos e, além do mais, o acordo social provava que, mesmo entre os negros mais bem-sucedidos, para ser livre, era preciso mais do que uma conta bancária. Era necessário um jeito, uma manobra, um meio de inspirar medo. Estava absolutamente claro que a polícia iria chicotear e prender você enquanto ela conseguisse se safar, e que ninguém, movido

---
5 Tiger e Brownman são os apelidos de dois jovens negros acusados do assassinato ocorrido no estabelecimento Just Desserts Café, em Toronto, em 1994. (N.E.)

por qualquer que fosse o sentimento humano mais generoso, jamais deixaria de usar você como válvula de escape para suas frustrações e hostilidades. Nem a razão civilizada nem o amor cristão faria com que qualquer uma dessas pessoas tratasse você como elas, supõe-se, queriam ser tratadas; só o medo do seu poder de retaliação faria com que elas o tratassem de igual para igual, ou faria parecer que tratariam, o que era (e é) bom o bastante.[6]

Quantos jovens negros, nessa cidade, enfrentam um verão de "terríveis especulações e descobertas", amadurecendo em uma sociedade branca que os despreza por completo e cujos jornais diariamente incrustam neles seus próprios medos, sua própria incapacidade de conceber qualquer vida humana que não se pareça exatamente consigo? Em 1979, eu trabalhava no Departamento de Relações Comunitárias Escolares do Conselho de Educação de Toronto. Numa escola da área leste, onde eu trabalhava, havia uma criança de sete anos que tinha captado a mensagem destrutiva da cidade. Todos os dias, ela se encolhia embaixo da carteira ou da mesa da professora, com o rosto todo polvilhado por uma grossa camada de pó de giz. Ela não falava, e ninguém conseguia convencê-la a sair de baixo da mesa. Essa criança de aparência já fantasmagórica tinha aprendido a lição da sociedade e sabia de sua incapacidade de cumpri-la – sabia que a "branquitude" lhe dá graça, ao passo que a negritude a empurra para a loucura, caso a pessoa siga as placas que levam à conclusão lógica deles. Em 1994, assim que o assalto e o tiroteio na Just Desserts marcaram o início do verão, todo adolescente negro deve ter ouvido essas especulações terríveis, essas conclusões lógicas. Na última primavera, "nós" percebemos e captamos o desânimo, a confusão e a percepção, pouco a pouco, de nossos meninos, depois que as palavras "Just Desserts" passaram a integrar contundentemente a categoria de descrições de adolescentes negros nessa cidade, à medida que os policiais os encaravam, seguiam seus passos, os expulsavam dos ônibus e das calçadas e alertavam toda a cidade branca sobre a possibilidade de qualquer um deles ser o tal.

---
6 James Baldwin, *The Fire Next Time*, p. 34-35.

> O que eu vi ao meu redor, naquele verão, foi o que eu sempre tinha visto; nada havia mudado. [...] Contudo, havia algo mais profundo do que essas mudanças e menos definido, algo que assustava. [...] No caso das meninas, nós as víamos se transformarem em matronas antes de se tornarem mulheres. Elas começaram a manifestar uma obstinação curiosa e bastante aterrorizante. É difícil dizer exatamente como isso era transmitido: algo implacável nos lábios, algo visionário (vendo o quê?) no olhar, uma determinação nova e esmagadora no jeito de andar, algo peremptório na voz.[7]

Infelizmente, Baldwin não foi além da imagem misógina e rasa de meninas se transformando em matronas; a suposição subjacente sendo a de que no mundo ideal elas deveriam virar mulheres desejáveis para os homens e que, sem o fardo e a distorção do racismo, atingiriam a expectativa mais alta do seu gênero: a de satisfazer o desejo masculino. Ele sequer considerou a possibilidade de que elas reconhecessem a rua que as encarava, embora tenha admitido entre parênteses que não sabia o que elas viam. Talvez a masculinidade e o temor por si próprio tenham reduzido suas alternativas, restando-lhe apenas "menina" ou "matrona", ou talvez ele tenha corretamente percebido que matronas eram a única opção, algum tipo de posição prescrita predefinida; senão, a rua. Ele sequer percebeu o fato de que era igualmente assustador para elas, nem que para elas a proteção residia na obstinação e no ato de erguer em torno de si uma redoma durante a caminhada, ostentando uma armadura matronal contra "o homem" ou qualquer homem, deixando de lado qualquer capricho de pessoa despreocupada ou mesmo livre. O que lhes ocorria era que, de uma hora para outra, elas se tornavam presas fáceis e sem importância alguma, e que, se não tomassem cuidado, acabariam grávidas, espancadas ou na rua. O que acontecia era que elas, de uma hora para outra, se tornavam responsáveis pelo cuidado de todo mundo, menos pelo delas mesmas. Alguém lhes disse que era isso o que lhes conferia valor. Alguém disse, "Dê um passo para trás agora, você foi feita apenas para servir." E elas tiveram de se fazer de fortes, de agir como se estivessem no controle dessa percepção repentina, de engoli-la e digeri-la de uma

---
[7] Ibid., p. 31.

vez e de sentir a dureza e a amargura antes de chegar aos quinze anos ou desistir, resignadas com a espera, vendo a vida passar.

"Você não é nada para eles", disse minha sobrinha em maio, contando sobre como ela estava tentando conseguir uma bolsa de atletismo para escapar dos projetos Jane-Finch[8], e que ela sabia que suas notas tinham de ser altas, porque, se ela se machucasse e não pudesse correr, toda a atenção desapareceria. Sua voz demonstrava muita experiência; ela tem apenas dezesseis anos, seus ossos são frágeis, ela já teve duas fraturas e um tornozelo quebrado, não há cálcio suficiente numa dieta Jane-Finch. Mas ela está correndo. Correndo rápido, e está determinada a ser mais do que boa, e sua "terrível obstinação" é necessária porque ela sabe muito mais do que deveria sobre o outro lado. Ela tem andado sempre pelo shopping, o vazio, a falsidade dos sonhos transformados em mercadorias, tem ficado muito tempo parada, sufocada pelo asfalto num dos lados daquele cruzamento largo demais que os policiais patrulham, e tem ouvido muitas conversas de fim de ano das tias, uma delas espancada e cheia de hematomas, outra, suicida, todas amontoadas na sala superlotada.

Mas talvez Baldwin, como todos nós naquela época e na atualidade, de esquerda ou de direita, negros e brancos, operasse a partir da premissa de um mundo patriarcal no qual um desafio à masculinidade era, portanto, o insulto definitivo à raça ou à comunidade. Quando essa premissa é assim dilacerada pela vida real e ideológica, o que acontece com os homens do grupo se torna o padrão de referência, porque nós generalizamos em nossa análise a superioridade e a importância da experiência masculina. Uma vez que a experiência do patriarcado é refletida no mundo que estamos tentando combater, não é impreciso dizer que coisas incomuns acontecem com homens e meninos negros porque são homens e meninos, mas é mentira dizer que nada de anormal acontece com mulheres e meninas por serem mulheres e meninas negras. O patriarcado nos faz enxergar o

---
[8] Comunidade, em Toronto, criada pelo governo na década de 1970, destinada a abrigar pessoas de baixa renda, que acabou se tornando uma área periférica isolada de outras regiões residenciais da cidade. (N.T.)

que acontece com os homens como algo mais ofensivo do que o que acontece com as mulheres. Assim, na minha geração, os cafetões do Le Coq D'Or, de fraque e cabelo afro, inverteram a revolução negra e exploraram mulheres negras como eles, dizendo-lhes que eles eram homens negros e que o mundo estava contra eles e que nós mulheres negras tínhamos o dever de ajudá-los a superar aquilo, desesperadas que estávamos para encontrar um lugar a partir do qual pudéssemos superar tudo também. Eu costumava ir ao Le Coq D'Or todas as quintas, sextas e sábados à noite, e nas matinês de domingo, para ouvir as bandas de funk dos Estados Unidos e assistir aos cafetões no bar oferecerem *pink ladies*, *Singapore slings* e outras bebidas para garotas como eu. Havia uma linha tênue entre a dor interior e essa cilada autodestrutiva mascarada de retórica libertária. Não havia uma noite regada a vinho em que eu ou minhas amigas não considerássemos a possibilidade. Na verdade, íamos ao Le Coq D'Or para brincar com a ideia, embora víssemos mulheres que tinham mordido a isca serem descartadas, chorando e sem dinheiro, à mercê dos cafetões. Le Coq D'Or nos oferecia romance. O *rhythm and blues* e o funk criavam a mitologia do romance heterossexual negro. "When a Man Loves a Woman" ou "I've Been Loving You Too Long", de Wilson Pickett, validavam nossa sensação de desejo negro; desejo negro, não o desejo branco com o qual havíamos sido doutrinadas e que concedia ao nosso desejo um status desqualificado na cultura popular. Nós também imaginávamos nomes para nós, Sweet D, Brown Sugar, Sweet Nancy. Bebíamos aquele elixir oferecido às moças negras – uma iconografia para o desejo negro, um sistema de signos e rituais que estruturaria uma sexualidade definida pela comunidade para uma determinada raça, bem como as relações entre homens e mulheres. Definidas por tanto tempo pela cultura branca como mulheres fora do padrão feminino, nós aceitamos uma iconografia concorrente de sexualidade feminina proposta por um patriarcado que permanecia intocado. Além do mais, vivíamos a vida dupla de fazer isso no mundo dos homens, em trabalhos designados para nós enquanto mulheres negras. Nesse contexto, o comum era, na melhor das hipóteses e salvo exceções, nos tornarmos enfermeiras ou datilógrafas; alternativamente, o ideal romântico do desejo negro resultava em mães solteiras ou mulheres na rua.

Visto através do prisma do patriarcado, o romance está para as mulheres como a ação está para os homens. A violência ou a ameaça de violência satura e racionaliza esses conceitos, além de trazer os atos racistas de um patriarcado racializado para o centro da vida negra. Assim, hoje em dia, jovens negros de Toronto são baleados pela polícia e atiram uns nos outros à vontade, e jovens negras são brutalizadas; outras também são baleadas por policiais e chamadas de "cadelas" e "vadias".

> Era real tanto nos meninos quanto nas meninas, mas, de alguma forma, era mais vívido nos meninos. [...] E eu comecei a sentir nos meninos um desespero curioso, cauteloso e desnorteado, como se eles estivessem se preparando para o longo e duro inverno da vida. [...] Da mesma forma que as meninas estavam destinadas a ganhar tanto peso quanto suas mães, os meninos, estava claro, não iriam mais longe do que seus pais. Assim, a escola se revelava uma brincadeira de criança na qual ninguém podia vencer, e os meninos abandonavam a escola e iam trabalhar. [...] Meus amigos agora estavam ocupados no "centro", como eles diziam "lutando contra o homem". Eles começaram a se importar menos com a aparência, com o que vestiam, com o que faziam; em pouco tempo, eram vistos aos pares ou em grupos de três ou quatro, num corredor, dividindo uma garrafa de vinho ou de uísque, conversando, xingando, lutando, às vezes chorando: perdidos e incapazes de dizer o que os oprimia, exceto que sabiam que era "o homem" – o homem branco. E parecia não haver nenhuma maneira de remover essa nuvem que pairava entre eles e o sol, entre eles e o amor, a vida e o poder, entre eles e o que desejavam. Não era necessário ser muito inteligente para perceber o pouco que era possível fazer para mudar a própria situação; não era necessário ser extremamente sensível para se chegar ao limite da exaustão com a humilhação e o perigo incessantes e gratuitos com os quais se deparavam todos os dias, o dia todo.[9]

Baldwin podia estar se referindo a 1994, mas ele não teria acreditado que ainda estaríamos no mesmo lugar, e pior... Essa nuvem que paira entre nós e o sol, entre nós e o amor, entre a vida e o poder, paira cada vez mais premente. Nós esperávamos que ela já tivesse se dis-

---
9 Ibid., p. 32-33.

sipado. Tínhamos feito essa promessa à geração atual e por isso não podemos culpá-la pelo niilismo e pela falta de fé. Vivemos em eterno estado de conflito, conflito com a vida, conflito com o amor, conflito com o poder.

Em outra geração, a do meu tio, eles se chamavam de Icepick[10] [Pica Gelo], Homem de Gelo[11], Sacerdote e Átila[12], epítetos virulentos que eliminavam o tédio e a morbidez de se ficar pelas esquinas, vendo os dias passarem, e eles ostentavam esses nomes graças ao uso de uma faca ou de um picador de gelo contra outros homens como eles, ocupantes de outra esquina; alguns deles vieram para o Canadá depois de conversas nessas esquinas sobre como tudo seria melhor, como poderiam ganhar dinheiro, fugir do pesadelo colonial. Na minha geração, nós mudamos nossos nomes para Akua[13], Ayanna[14], Kwame[15], Kwetu[16], na esperança de que pudéssemos usar a magia deles como se fossem vestimentas feitas de um tecido mais forte, capaz de tecer nosso retorno através dos portais das fortalezas de escravizados, de volta ao nosso verdadeiro eu. Na minha geração, no entanto, havia também um cara chamado Morte que caminhava como se não estivesse vivo, falava arrastado como um bloco de gelo e erguia uma sobrancelha glacial para qualquer um que lhe dissesse que a maconha iria matá-lo e que ele estava se rendendo ao homem, como se dissesse que já estava morto, e eu de minha parte nunca consegui escapar do conhecimento presente naquele olhar, tanto que o evitava, fingindo não ter opinião.

Brownman e Tiger são os nomes desse ano. Alguns os usam como forma de defesa, outros como um alerta a si mesmos acerca da sina que viram e veem, outros, para afastar o mal, há os que o fazem com humor autodepreciativo, alguns, com sagacidade anti-hegemônica e outros, em total desesperança. Porém, não há salvação para

---

10 Personagem da série de TV estadunidense *Magnum P.I.* (N.T.)
11 Super-herói de história em quadrinhos da Marvel. (N.T.)
12 Átila, rei dos hunos, foi responsável por comandar ataques ao Império Romano durante a Idade Média. (N.T.)
13 Nome do povo akan, presente em Gana e na Costa do Marfim. (N.T.)
14 Nome em swahili, língua bantu presente na Costa Leste da África, na região que se estende do Quênia à Tanzânia. (N.T.)
15 Nome do povo akan, presente em Gana e na Costa do Marfim. (N.T.)
16 Nome em swahili, língua Bantu presente na costa leste da África, na região que se estende do Quênia à Tanzânia. (N.T.)

Brownman e Tiger aqui nessa cidade que trata seus estupradores e assassinos brancos como o vizinho que deu errado de maneira triste e inexplicável; nada de "ele era um cara tão legal, quem poderia imaginar" para Brownman e Tiger; nada de fotos deles embriagados em festas de casamento estampadas em todas as páginas dos jornais, mostrando a vida normal que levavam. Na verdade, o que a mídia popular diria era que Brownman tinha muitas namoradas, segundo o ícone garanhão da sexualidade masculina negra, mas Paul Bernardo, acusado do assassinato de pelo menos duas mulheres e com várias acusações de estupro, era o ícone da sexualidade masculina branca, o vizinho-loiro, totalmente-confiável, o príncipe-encantado, com um casamento de conto de fadas. Será que haveria para Brownman e Tiger alguma longa ruminação empática, comovente e dramática acerca de seu estado mental – eles estavam "angustiados", como no caso do homem branco que matou uma menina de dois anos dizendo que faria a mãe dela sofrer para sempre? (Você poderia jurar que eles estavam falando de *Macbeth* ou do *Rei Lear*.) Para eles, resta o julgamento liberal precipitado que prega que, independentemente de qualquer coisa, o crime deles foi "brutal" e "hediondo" e jamais poderia ser compreendido. Nada de rótulo de crime branco para todos os crimes cometidos por brancos, nada de ameaças de enviar criminosos brancos de volta para o lugar de onde vieram. Ei, espere, outro eufemismo nesse país do bem, um país bondoso demais para pronunciar a palavra "raça", assim temos "imigrante", "jamaicano", "deportação", pois não haveria crime nesse país se não fossem os "imigrantes", leia-se negros, que deveriam ser deportados para o lugar de onde eles vieram, certo? Ei, espere, mais um eufemismo nesse país do bem, um país bom demais para falar "neguinho", porque é "crime." Brownman e Tiger não podem nem cometer crimes como os brancos e ser tratados que nem eles. Ah, não, e isso ainda não basta. Todos nós precisamos andar por aí nos desculpando com as pessoas brancas por termos entrado naquele navio para o qual fomos empurrados quinhentos anos atrás, todos nós temos de nos desculpar pela inconveniência de tornar os brancos ricos e privilegiados às nossas custas, temos de nos desculpar por ainda estarmos por perto depois de termos sido consumidos. A evidência da nossa pele é culpa suficiente para essa cidade do bem. E nós temos de pagar por responder aos anúncios para colher maçãs, limpar a casa, costurar moletons, montar carros, cuidar dos doentes, conseguir um emprego que pague mais do que qualquer outro num país tropical com um banco canadense em cada esquina. E temos de pagar por querer acordar nem que seja uma única manhã, qualquer manhã, em paz, sem gente branca enchendo o saco, remexendo essa porcaria que eles inventaram chamada racismo, encharcando com ela nossa manhã desesperada.

A verdade é que a América do Norte não precisa mais dos negros; nem o Canadá nem os Estados Unidos precisam da mão de obra barata reservada para nossa pele, e isso se torna evidente na lenta criminalização dos protestos sociais, na árdua tarefa de despertar num público branco insatisfeito, cínico e saturado de mercadorias o interesse pelos direitos humanos e na demonização das massas negras na América do Norte, nas telas de TV e em matérias de jornais e revistas. Eles não precisam mais de nós para o trabalho barato e degradante que reproduzimos ao longo de séculos vividos aqui. Novas tecnologias e movimentação fácil de capital por meio de acordos e zonas de livre comércio eliminaram a necessidade de uma força de trabalho *in loco*; assim, uma vez que o capital é baseado na escassez e no pouco investimento para muito lucro, mesmo um custo mínimo com justiça social – educação, salário e oportunidades igualitárias etc. – é problemático e caro demais para o capitalismo transnacional. Por que contratar uma pessoa negra empoderada na América quando você pode enviar o trabalho para um colombiano ou cinegalês menos emancipado? Por que empoderar uma pessoa negra na América para que ela exija melhores salários e condições de trabalho? A nova ordem enche as cadeias de desempregados, subempregados e não empregáveis. Portanto, a guerra ideológica é prenúncio da guerra econômica contra os negros.

Talvez Baldwin, no verão de seus catorze anos, fosse capaz de encontrar a igreja em vez das ruas, mas, seja como for o verão de meninos e meninas de catorze anos nesse ano, nem a igreja estará a postos para a salvação, somente a rua, e ela está cheia de policiais, professores, jornalistas e políticos bastante dispostos a sacrificá-los no altar de seus mitos malignos imaginários, antes mesmo que saiam da infância. Não, nem mesmo a igreja está à espera deles, e muito menos a possibilidade duvidosa e desumanizante de um trabalho explorador. Essas duas possibilidades ingratas, pelo menos, estavam à espera de James Baldwin e de outros jovens de seu tempo, e o que os esperava também, embora eles talvez não soubessem ainda, era o renascimento no Movimento dos Direitos Civis. Mesmo assim, eles contavam com a noção de que todas as pessoas realmente queriam ser boas umas com as outras, queriam ser justas, queriam compartilhar o mundo e seriam redimidas pela justiça. Tantos anos depois, um pensamento terrível ganha força e poder de convicção: o mal persiste; só os idiotas acreditam na justiça. Para os brancos, os direitos civis não valem o transtorno. Tantos anos depois, eles não precisam nos pacificar com uma legislação ineficaz, em vez disso, perguntam: "Como podemos legislar o comportamento?" ou seja, "Não dá para forçar os brancos a serem justos." Em vez disso, a nova tática (que cheira à velha tática) é desumanizar e aterrorizar as pessoas negras por meio da brutalidade policial e da vigilância, garantir que as drogas estejam prontamente disponíveis e baratas para os nossos jovens e organizar uma guerra de propaganda gigantesca e convincente contra pessoas negras na América do Norte como um todo, nos rotulando de viciados, criminosos e reclamões, afinal deveríamos ter sido capazes de ficar milionários com o pouco que nos deram. Há um revisionismo racista a todo vapor neste país que nunca fala de raça, mas de imigração e autogoverno, o que significa pessoas "de cor" e indígenas, ou seja, qualquer um que não seja branco. Dizem que trezentos anos é muito cedo para um autogoverno nativo. Dizem para reduzir a imigração de países que não são compatíveis com a cultura canadense, ou seja, a cultura branca. Dizem que os imigrantes estão tirando os empregos dos canadenses, como se a imigração fosse altruísta e não tivesse nada a ver com economia e com mão de obra barata.

Parte de mim se preocupa com nossas almas porque eu sei que, depois de dezesseis anos de assassinatos cometidos pela polícia e nenhuma condenação, nossos olhos estão secos e nossos jovens, cínicos. Eles sabem o que um policial vê quando os vê, vulneráveis como um alvo silhueta. E, numa noite qualquer, um deles, em vez de correr pelo beco com sua dose venenosa de crack e a bala em sua direção, vai se virar, fulminante, e atirar; e não teremos lágrimas para chorar por ninguém, nem mesmo por ele.

> Mas àquela altura, sem qualquer aviso, as prostitutas, os cafetões e os gângsteres do lugar tinham se tornado uma ameaça pessoal. Não tinha me ocorrido antes que eu poderia me tornar um deles até perceber que tínhamos sido produzidos pelas mesmas circunstâncias. Muitos dos meus camaradas estavam claramente indo na mesma direção, e meu pai dizia que eu também estava.[17]

Essa é a razão de nossa solidariedade: não importa qual seja nosso desfecho no sistema, estamos todos na mesma prisão, reconhecemos as permutas e o desespero em nossos atos para remover aquela nuvem que paira entre nós e o sol, entre nós e a vida, entre nós, o amor e o poder.

Às dez horas, na manhã do veredito do segundo julgamento do caso Rodney King[18], assisto à CNN com duas amigas. Estamos preocupadas, nos sentindo inseguras, nos sentindo vulneráveis. Esses são os momentos em que as pessoas negras se sentem mais inseguras, mais vulneráveis; quando é quase como se fôssemos uma só pessoa, quando o gesto seguinte feito por alguém, ainda que vagamente associado ao poder, determina as condições em que viveremos, quando algum incidente envolvendo um de nós em algum lugar – não importa onde – envia um aviso para que tomemos cuidado, tenhamos coragem, entremos em pânico, entendamos, sigamos o exemplo, nos desesperemos, fiquemos alegres...

---
17 Ibid., p. 30.
18 Cidadão estadunidense negro, motorista de táxi, que em 1991 foi algemado e espancado por policiais de Los Angeles, Califórnia, durante uma abordagem. As cenas foram filmadas por um civil. Em 1992, a absolvição de vários policiais envolvidos no caso desencadeou uma onda de protestos. (N.E.)

Como no dia em que Nelson Mandela saiu da prisão; eu não tinha TV, e mal podia esperar amanhecer para pular da cama e ir até a casa de um amigo vizinho e assistir ao discurso. E, quando cheguei na rua, tive vontade de gritar e rir alto, e gritei, de verdade, para um jovem negro que estava enfiando panfletos nas caixas de correio na Ossington Avenue que Mandela estava livre, então ele devia largar o emprego, nada mais seria igual, o mundo estava mudando naquela manhã.

E esperar pelo segundo veredicto do caso Rodney King foi parecido, mas diferente. O mundo estava mudando naquela manhã. Se os agressores fossem absolvidos, a nossa vida seria um inferno ainda maior; nós três sentíamos isso, sabíamos disso. Se fossem condenados, haveria uma trégua. Ficamos no sofá, tensas, ouvindo, observando. A cada condenação, gritávamos com "é isso aí, seus filhos da puta!".

Quando as fotos irreconhecíveis de quatro jovens apareceram nas telas de TV e nas primeiras páginas dos jornais locais e nacionais, nós sentimos calafrios. Na verdade, sentimos calafrios já antes disso, ao ouvir as alegações, sabendo que qualquer crime supostamente cometido por uma pessoa negra nessa cidade do bem é uma oportunidade para os brancos atacarem, para agressões baseadas na velha culpa que os brancos distribuem mundo afora. Mas sentimos calafrios também porque estávamos esperando pelo estopim da bomba, a corrente de fúria que nos arrastaria numa onda de retaliação ou ódio a nós mesmos.

Meu argumento neste ensaio é que existem arquétipos raciais em nossa cultura que medeiam nosso olhar mesmo nas circunstâncias mais vis. Paul Bernardo já foi condenado por seus crimes hediondos, o fascínio e a surpresa fugazes da cultura foram transformados em repulsa direcionada a ele; três acusados no assassinato injustificável em Just Desserts aguardam julgamento na prisão, aprofundando os medos dos brancos em relação ao estereótipo negro e horrorizando os negros quanto à possível confirmação. É provável que as pessoas negras estejam mais indignadas e irritadas com esses três do que outras comunidades imaginam. Nenhum dos arquétipos raciais que descrevi acima enfraqueceu, eles estão apenas adormecidos esperando o próximo evento vir à tona; cada um deles paira sobre o corpo não branco, pronto para envolvê-lo e descrevê-lo.

NADA DO EGITO

Depois de Granada, voltei para uma cidade que parecia imbatível à luz do que eu tinha acabado de ver. Devastação, física e política. Ottawa parecia perversamente concreta. Eu me ressentia daquela aura de autocomplacência, invejava e odiava seu contentamento convencional e rasteiro. A cidade parecia uma fortaleza em confortável repouso, o chão firme em cujo interior se irradiava um frígido rio de sangue congelado. Ocorreu-me o pensamento de que nada poderia abalá-la, ninguém jamais a bombardearia, independentemente de sua fantasia de alvo da Guerra Fria, suas congregações militares e suas pretensões. Ao retornar, me senti mais derrotada do que tinha me sentido quando ficara agachada, imóvel, no corredor onde tinha passado a maior parte do tempo da guerra de cinco dias. O lugar de onde eu tinha acabado de voltar era vulnerável, os prédios pareciam provisórios, apesar das tentativas de assegurar o governo, o destino e alguma determinação. Eu me lembro dos helicópteros americanos metralhando gabinetes do primeiro-ministro numa tarde da guerra. O edifício pendia debilmente diante de uma colina verdejante por causa da estação chuvosa. Nesse dia, o céu estava ofuscante de tão branco, as nuvens, prateadas pelo sol, e os helicópteros americanos ferroavam o prédio e a colina como se fossem abelhas. O ar parecia liquefeito, e os helicópteros expeliam metal, embranquecendo e adensando o ar poroso, fazendo o chão desaparecer. O prédio pegou fogo e ardeu em chamas depois que eles se foram e durante toda a noite. Da varanda onde eu estava, cambaleando contra a parede, a fragilidade do Terceiro Mundo sucumbiu como a do meu coração. No porto, o sol mergulhou branco como um raio no oceano, e eu, com o rosto ardendo, fiquei observando-o sumir.

    É por isso que não acredito mais em magia. É por isso que meus ancestrais me desapontam com todos seus cantos e poções. Porque eu quis que naquele dia caíssem aguaceiros capazes de cobrir toda a ilha. Eu quis um dia no qual o inimigo se sentisse tão atordoado pelo som de meus ancestrais arrastando correntes que ele fosse morto pelo clamor. Eu quis um dia no qual ele fosse conduzido pelo mesmo feitiço que me envolvia e que suas armas fossem paralisadas ou que eles fugissem com gritos ressoando em suas cabeças. E, se isso não acontecesse, eu queria pelo menos morrer. E é por isso que eu tive de encontrar uma teoria em vez de um pozinho mágico, porque eu não morri, e os ancestrais só têm voz para mim, não para os bombardeiros americanos.

A cidade para a qual voltei, com o rosto ainda ardendo, jamais desmoronaria assim, eu sabia, e isso era mais do que mera coincidência. Nessa cidade para onde voltei sem um país, sem um lar, eu reconheci a geografia desfavorável da latitude e da longitude, o círculo enregelante dos almanaques, como alguém preso numa vida que se repete eternamente.

Eu me lembro disso porque me perguntaram onde eu estava, o que tinha acontecido comigo depois disso, por que eu não tinha dado meia-volta e regressado para as amizades, as conversas, o ritmo constante do mundo do jeito que ele era. E eu tenho pensado recentemente nos últimos 25 anos, que incluíram esse retorno ao lar e muitas partidas, tenho me lembrado de quando eu desapareci, de quando decidi saltar no tempo, de quando de repente eu não consegui mais acreditar ou aceitar o ritmo estranho e estúpido do que significa viver. Deixe-me explicar melhor. Às vezes, você vai dormir à noite, deita-se na cama, no canto de um quarto qualquer, e, pouco antes de adormecer, o quarto parece maior, a distância até a porta parece mais longa e seu corpo, menor do que é, e você tenta reencontrar o foco e enxergar as proporções corretas do quarto, mas nada funciona, e fixar o olhar por mais tempo só faz o quarto parecer ainda maior. Trata-se de algum tipo de ilusão de ótica, e você percebe que, se não fosse por algum tecido da retina corrigindo tudo e regulando a visão, você veria o mundo de forma diferente, ou o mundo seria diferente sem isso. Então, quando voltei para casa, o mundo estava assim, e eu me acordei na manhã seguinte, ele continuava assim, e eu fiquei aliviada e me agarrei a essa aparência.

Fui ao funeral de uma veterana que lutou pelos direitos civis nessa cidade. A sala me levou de volta ao momento em que me juntei à luta para valer. Pessoas que eu não via fazia uma década, pessoas com quem eu tinha trabalhado, pessoas de quem eu havia me esquecido. Foi quase como 25 anos atrás, exceto pelo fato de que todos pareciam exaustos. Alguns pareciam prósperos, alguns derrotados, outros resignados, mas todos exaustos. Porque, qualquer que seja sua atitude – rendição ou tenacidade –, lutar contra o racismo e conviver com o racismo cobram um preço físico. Então, todos nós parecíamos exaustos. Eu me sentei na galeria da igreja, observando a congregação como se estivesse vigiando a porta do meu quarto, e me dei conta de uma coisa quando o discurso fúnebre começou. Fiquei surpresa com o fato de ressoar entre eles a ideia de ascensão, percebi que, em algum momento, a ideia de ascensão tinha substituído a de justiça e que igualdade, em vez de justiça, tinha se tornado o objetivo da nossa luta. A diferença pode parecer sutil, mas ela é fundamental. Nós queríamos apenas ser iguais aos brancos ou queríamos acabar com a exploração e a opressão? Porque ser igual à estrutura de poder branco de 25 anos atrás e dos dias de hoje é ter o direito de impor a desigualdade. Será que só precisávamos de boa educação e de bons empregos, como entoavam os discursos fúnebres? Alguns de nós tiveram acesso a uma boa educação e conseguiram bons empregos, mas o racismo não desapareceu. Em retrospecto, a estrutura de poder apenas nos usou para ressaltar que, no fim das contas, aqueles entre nós sem bons empregos não passavam de gentalha. Então, éramos gentalha que só precisava de ascensão ou fomos oprimidos por um sistema econômico que depende do racismo para gerar lucro? Certamente, limitar-se a buscar a ascensão significa aceitar as condições de exploração e opressão e se manter como exceção dentro do sistema. Lutar pela justiça é erradicar completamente tais condições. Bom, em algum ponto do percurso, a noção de comer apenas uma fatia do bolo tinha ganhado raízes. Observando aqueles rostos no funeral, tentei descobrir quando e como. Talvez porque, em grande parte, fôssemos uma comunidade de imigrantes que, fugindo das dificuldades no Caribe, ou melhor, empurrada de lá para cá pela demanda do capital por mão de obra barata, na maioria dos casos, tinha vindo em busca de "melhores condições de vida" e estava, portanto, mais propensa, com exceção de uns poucos radicais comprometidos, a aceitar parcialmente as coisas como eram. Será que isso tinha levado a noções conservadoras de igualdade? Teriam os radicais sido esmagados por essa tendência, nos mesmos moldes da tendência do estado capitalista de cooptar e incorporar à sua burocracia uma versão das nossas reivindicações contra a desigualdade racial? Definitivamente. Eu já tinha passado pelo ofuscamento das distinções entre direita e esquerda na comunidade só porque estávamos na mesma situação e o racismo, na nossa cara. Não queríamos brigar em público ou perder nenhuma das ditas conquistas da luta mostrando às pessoas brancas que discordávamos sobre o caminho a seguir. Assim, a esquerda negra se viu presa no mesmo silêncio das mulheres negras, o silêncio da unidade.

E, durante o discurso fúnebre, ali estavam as longas e frias descrições de uma mulher, de qualquer mulher negra, com as palavras de sempre: forte, capaz, firme. Entre essas, um poema lido por uma jovem, filha de Eva. Uma simples declaração de amor para a mãe, não, nada tão trivial quanto o amor, mas reconhecimento. Ela não disse mais nada, mas o poema nos deixou perplexos e sem palavras, tamanha a honestidade. O poema dizia que todos achavam sua mãe forte, tolerante, trabalhadora, e que tudo isso era verdade, mas ela acrescentou: "Eu vejo uma mulher de lágrimas." Não sei como continuamos depois disso, eu tive de sair antes de o funeral terminar, mas não antes do fim desse breve vislumbre, dessa costura feita de palavras, as mesmas palavras usadas para descrever essa mulher negra – forte, capaz, firme. No entanto, o poema permaneceu aberto como uma veia, tingindo de vermelho a solenidade enlutada na Igreja Negra da Shaw Street.

Foram dias vibrantes e cheios de esperança, os anos 1970. Discutimos, debatemos, encontramos a alegria de ser negros, descobrimos partes de nós que não sabíamos que existiam. E, sim, eu era uma mulher que sentia o desconforto da política sexual que via os homens como líderes e as mulheres como assistentes, mesmo que a verdadeira dinâmica do movimento desmentisse essa hierarquia. Eu era uma mulher que via o capital sexual dos homens radicais representado na subjugação das mulheres. Portanto, o movimento estava longe de ser perfeito, mas, assim como ouvi o apelo por um nacionalismo cultural que proibia a liderança das mulheres, exceto em casa, ouvi também a afirmação de que a luta não era uma luta pelos ganhos mesquinhos de privilégio que o sistema ofereceria, uma vez que o sistema oferece aquilo que o reforça. E ouvi, ainda, que deveríamos ir além das aspirações individuais e retomar a visão que tínhamos no início com fins de emancipação e libertação. Essa visão tratava, afinal de contas, das possibilidades de existência humana. Nós, como povo, nos últimos quinhentos anos, tínhamos engajado esse mundo na discussão mais crucial da história humana – a da natureza dos seres humanos e da liberdade humana. Isso foi mais do que suficiente para me segurar no movimento, apesar da sensação desconfortável de que as experiências das mulheres negras eram secundárias e de que os homens ilustravam a voz, a vida, o corpo físico e o fôlego espiritual do movimento. E, mais do que isso, tinha-se a sensação de que o poder masculino sobre as mulheres era um pré-requisito e uma condição do movimento. O movimento não questionava o patriarcado. Questionava o patriarcado branco, mas apenas como algo que os homens brancos faziam contra os homens negros, não como algo que os homens faziam às mulheres, e assim o movimento abandonou seus objetivos mais elevados: a libertação de qualquer forma de exploração e opressão.

De todo modo, foi o que bastou para me levar a Granada. A caminho de lá, era esse o lugar de onde eu tinha vindo. Eu não podia abandonar minha aposta legítima na liberdade. No fundo, apesar da ameaça de fraquejar, eu tinha a ideia de que a luta enfim me permitiria atuar em prol da minha humanidade. O fato de que eu não era a única mulher partindo para uma revolução, por ela mesma, me convenceu de que eu não estava sozinha. Que, no final, seria possível destruir a velha imagem da mulher negra forte que luta por todos, menos por si. Apesar disso, não dá para dizer que estivesse tudo assim tão evidente naquele momento, embarcando no avião e descendo naquele aeroporto minúsculo cuja pequena ambição levaria à invasão estadunidense. Mas senti na pele. As revoluções não acontecem fora de você, acontecem na veia, elas mudam você, e você muda a si mesma e se acorda de manhã em transformação. Você diz esse é o ser humano que quero ser. Você está se preparando para o futuro sem nem saber a dimensão dele quando tudo começa, mas você tem uma impressão, você sente na garganta o gosto do elixir morno do possível.

Foi uma experiência e tanto naquela casa, perto do porto, onde seis camaradas e eu esperamos ser bombardeados, dias em que pensei no que faria se escapasse, dias em que oscilei feito uma bêbada entre o desejo de morrer rápido e o desejo desesperado de viver. Foram apenas cinco dias, mas eles demoraram muito a passar. Eu conseguia ouvir o murmúrio temporal dos minutos e o murmúrio do sangue em minha cabeça. A pele queima. A mandíbula trava. A boca tem gosto de papel azedo. Eu não conseguia fazer nada além de pensar e observar a independência do meu corpo e a deslealdade da região do cérebro que mantém a atenção no presente. Eu não conseguia fazer nada além de pensar porque eu não conseguia dormir. Pensar, um minuto interminável após o outro.

Bom, veja bem, sempre me pareceu impossível falar ou escrever a respeito desse evento porque muitas pessoas viveram isso e ficaram com mais feridas, e ainda mais dolorosas, porque a guerra colonial causa danos físicos e mentais, tantas pessoas que hesito em escrever, porque escrever é reivindicar toda a dor, e eu não posso reivindicar toda a dor, e além disso há a sorte e a capacidade – como escritora – de esculpir um lugar em que a dor é transcendida, como o cantinho naquele corredor, durante a guerra, onde feri um músculo das costas e disse que sobreviveria mesmo assim. Então, cada vez que falo, devo afirmar que o meu terror não foi o único e nem o mais importante, mas algo pequeno no meu pequeno eu em comparação às centenas de milhares de pessoas agachadas em outras casas, enquanto o destino se desfazia. Pude chegar em outra cidade com um passaporte, uma fortaleza e um rio avermelhado, com o rosto ardendo, com as respostas erradas, desejando que eu tivesse sido morta, mas pelo menos com a certeza, por mais terrível que fosse, de que não passava de um desejo.

Eu não conseguia fazer nada além de pensar. Recapitular. Por um tempo. Tudo em mim se desmembrava e se desmontava, mas tudo se tornava claro; cada rosto, legível, cada momento, distinto. Se algum dia tive ideias antes disso, esses dias as transformaram em sangue, atos com os quais não se pode mais conviver caso a pessoa sobreviva, acordos que não podem mais ser selados, discursos que não podem ser ouvidos. E os desejos, eles se desfazem, quebram-se por inteiro. Tudo se desnuda e nada surpreende. O verdadeiro tamanho da sala se revela. A visão adquire nitidez perfeita, limpidez absoluta, e você pensa que a terra é tão mesquinha, tão doméstica, tão obtusa, e quando é que eu posso ir embora e que diabos estou fazendo aqui.

Quando voltei para casa, não conseguia dançar. O funk se foi, e o que tinha sido a alegria espontânea do corpo balançando entre outros corpos ao som do R&B dos anos 1970 – tudo se foi. A dança perdeu a naturalidade. Eu não conseguia dançar sem camaradas. Onde eu tinha encontrado camaradagem nos bailes de sábado à noite da St. Clair Avenue e no Hagerman Hall, onde eu tinha encontrado camaradagem na fisicalidade involuntária da pista de dança negra, onde eu tinha encontrado camaradagem no novo movimento, no novo jeito de andar, toda a destilação de uma vida em comum com alegria visceral – de repente, nada dessa camaradagem era mais suficiente. Ou, pelo menos, quando tentei voltar a ela da mesma forma, não consegui. Eu me pergunto por quantos meses ou por quantos anos eles foram incapazes de dançar em Granada. Como pode uma guerra se apoderar dos seus membros, do seu senso de ritmo. Como ela tem o poder de dizer que, se você dançar, se mexer um tendão de uma determinada forma, trairá aqueles que morreram ou que se perderam; você estará agindo como se nada tivesse acontecido e não houvesse nada a lamentar.

> Quando saí da casa da escravidão, deixei tudo para trás. Eu não ia guardar nada do Egito em mim, e então pedi ao Senhor que me desse um novo nome. O Senhor me deu Sojourner, porque eu deveria percorrer a terra de alto a baixo, mostrando ao povo os seus pecados e sendo um sinal para eles. Depois, pedi ao Senhor outro nome, porque todo mundo tem dois nomes; e o Senhor me deu Truth, porque eu deveria declarar a verdade às pessoas.[1]

---
1 Sojourner Truth apud *Daughters of Africa*, editado por Margaret Busby, Nova York: Pantheon Books, 1992, p. 141.

Como ela deve ter se sentido, o rosto tão límpido quanto aquela resposta, sem nada em seu passado que pudesse fazê-la querer se virar e olhar, como, sem sentimento de maldade ou de pesar, ela caminhou em direção a si mesma.

Nada do Egito em mim. Não, nada do Egito. Quando voltei de Granada, entendi isso. Eu não queria nada do Egito em mim. Como posso descrever aquela sensação de liberdade que se tem ao escapar da morte. Há algo que diz: "Eu não preciso de mais nada, nada tem poder sobre mim." E, mesmo que os anos passem, que você se esqueça e que às vezes você sinta medo, a noção permanece. Basta esse pensamento, nada tem poder sobre mim, para você mudar ainda mais. De uma forma estranha, a revolução se realizou em você, e você pode fazer qualquer coisa. Além disso, a revolução diz que você deve virar de ponta-cabeça, tudo deve ser questionado. Não importa a distância que você pensou ter percorrido, há mais caminho à frente. Nada do Egito em mim. Tomar o rumo de uma revolução é tomar o rumo do seu verdadeiro eu. Comecei a sair da casa da escravidão quando cheguei em Granada. Só de estar na revolução, caminhando por aquelas colinas desafiadoras, eu já estava saindo da escravidão. Meus pés se moviam rapidamente nos dias que passei por lá. Aprendi a ter paciência e me lembrei do desejo. A paciência dos olhos absorvendo a estrada para Gouave, as mulheres sentando pedras na estrada, o asfalto escorregadio, o sol insuportável. O desejo de enxergar a descida para se banhar em Sauteres, o oceano leitoso na Petite Martinique, o modo como uma mulher que colhe inhames no mato pode surgir de repente, mãos grandes como a noite. As coisas desaparecem, o atoleiro da vida patriarcal, a obrigação moral da fragilidade feminina, o medo que a move, o desejo enxertado nela. E, quando chegou a manhã em que os aviões estadunidenses ocuparam o céu, esse conhecimento se intensificou cada vez mais, fortalecendo-se na forma de uma mulher que eu era e que eu desejava e... Eu tive um devaneio, olhando para a porta do quarto.

Um velho amigo, que talvez nunca tenha sido um amigo, apenas um homem agindo da única forma que ele acreditava que um amigo agiria, me disse num bar da Queen Street, numa noite dessas, "O que aconteceu, cara, o que aconteceu? Você desapareceu da cena, você tinha... sabe, a coisa da poesia e do pan[2], e isso já faz tempo, cara. Eu preciso te falar, eu não entendo esse lance de lésbica."

"Bom, sabe, cara, para começo de conversa. Eu não ia estudar Música, sabe, então eu não me sentia bem. Eu sei, eu sei, mas eu tinha de levar a sério, então não conseguia mais fazer a coisa da poesia e do pan. Tinha de saber tudo sobre forma e eu não queria... e a música não me interessava. Eu só queria as palavras, cara. Cara, se eu fosse te falar, as coisas mudaram, sabe."

"Sim, Granada, eu sei, mas..." "Sim, Granada, cara, sabe... as coisas mudaram. Minha vida mudou. Eu vou te ligar. A gente se fala."

Em um corredor, na manhã em que os aviões estadunidenses chegam, e você não passa de um músculo agachado sobre si mesmo, você pensa em todas as razões pelas quais está na luta, e então, sim, é claro que você desaparece de uma determinada vida, é lançada em outra, e você não liga para ninguém para explicar, porque o mundo é novo e não há nenhuma conexão possível.

---
[2] Instrumento de percussão típico de Trinidad e Tobago. (N.T.)

ESTE CORPO A SEU BEL-PRAZER

Ouço uma escritora após a outra falar sobre seu trabalho. Meus planos são falar sobre "poesia e política." É a Primeira Conferência de Escritoras do Caribe,[1] realizada em Wellesley College, Massachusetts. Talvez nem seja necessário dizer "poesia e política", como se fossem palavras distintas, mas eu me acostumei tanto a explicar repetidas vezes a interdependência delas para críticos e públicos canadenses que me esqueci de que aqui isso é desnecessário. Uma coisa que você não precisa fazer em uma conferência de escritores caribenhos ou talvez em qualquer conferência de escritores fora do Canadá é explicar que os escritores têm a intenção de mudar o mundo. Mas eu vivo no Canadá há tanto tempo que eu me esqueço disso e sempre tenho de mudar os planos quando viajo por aí. Mas vamos por partes. Estou me sentindo em casa. Algumas das mulheres que li, algumas das mulheres com quem aprendi estão aqui, e todo o estilo e jeito de ser caribenho estão aqui, ou pelo menos aquilo que escritores e escritoras deixam guardado porque vivem em Londres, Haia, Filadélfia, Port-of-Spain, Nova Iorque, Edimburgo e Toronto. As mãos que se agitam enquanto conversamos, o drama na voz que escoa pela rua metropolitana. A língua é uma festa. Todas essas cidades flexionam os idiomas de Trinidad, da Jamaica, de Belize e de Granada tanto quanto eles se flexionam uns aos outros sempre que se cruzam. Nunca estive na Jamaica, mas, conforme descobri em Toronto, ela influencia minha fala, e eu consigo distinguir entre uma pessoa de Mandeville ou de Kingston, e aqui aprendi, também, a distinguir quem é de Roseau ou de Marigot, na Dominica, ou se o francês que ouço é haitiano ou de St. Lucia. Tudo isso, o balanço e o modo de andar, o gingado e a postura ereta, as evasivas e o recuo do corpo. Tudo isso está aqui também. E, por fim, a coragem. Veja quantas estradas cada uma de nós já percorreu. Quem, nos matagais de Guaya, na terra vermelha de Trelawny, na areia preta

---
1 O encontro aconteceu em abril de 1988. (N.E.)

de Mahaut, nos leitos dos afluentes do rio Orinoco, nos arrozais de Demerara, diria que sacodiríamos a poeira e secaríamos nossos pés aqui, e que a folha, a areia, a lama e a sujeira daqueles lugares iriam cair das páginas e se espalhar por essas salas de concreto cada vez que abríssemos os livros que escrevemos?

Durante vários dias, tento ouvir os passos, e eles chegam carregados de trabalho duro e preocupações, eles chegam tilintando os poucos centavos, trazendo consigo o rosto cheio de pesar, os suspiros de cansaço, o esteio de um semblante firme. Durante vários dias eu me mantenho atenta, até que chega minha vez e então me dou conta e sei o que não escutei, o que não foi dito. É quando percebo o que os olhos não leram ao sobrevoar aquela terra, aquele rio, aquele pântano e aquela poeira, mais precisamente, o que os olhos contestam, aquilo que falta: o corpo sexual. Quantas vezes já estive numa sala, sem ouvir e sem dizer nada, eu mesma tão ocupada delineando o fracasso e o improviso, a tolerância. Tão ocupada na linha de frente contra o abuso, tão ocupada sabendo que seria inútil tentar expressar este corpo sem que um ou outro assumisse o controle e o inventasse a seu bel-prazer, tão ocupada me sentindo desconfortável neste corpo, tão ocupada esperando e sabendo que o mundo não irá mudar. E, mais uma vez, é uma questão de autopreservação. Em um mundo no qual os corpos das mulheres negras são tão sexualizados, evitar o caráter sexual do corpo é uma estratégia. Assim como é uma estratégia escrevê-lo nos termos mais conservadores, esforçando-se ao longo do texto para se manter em conformidade com a norma da gratificação masculina heterossexual monogâmica. Deixar o prazer por conta dos homens também é uma estratégia. Eu sei que nunca falar da sexualidade feminina negra é uma estratégia anticolonial tanto quanto o é a luta armada. Mas que baita armadilha. Muitas vezes, quando falamos das maravilhosas mulheres negras em nossas vidas, de sua valentia e de sua força emocional, é comum sua resistência psíquica dominar tanto nossos textos que nos esquecemos de que, além de aprendermos com elas a elegante arte da sobrevivência, também aprendemos em seus gestos a fina arte da sensualidade, a arte carnal do prazer e do desejo. As mulheres que nos ensinaram essas coisas ocupam nosso imaginário de maneira tão contundente quanto as mulheres que nos ensinaram a lutar contra as dificuldades. Muitas vezes, elas eram e são a mesma pessoa. Ora, será que não absorvemos a doçura, a magreza, a voluptuosidade, os braços abertos, a extrema competência, a escuridão incandescente; a textura da pele, o refinamento, a docilidade; a angulosidade, o jeito de dançar, a caminhada na calçada que deixa a calçada em polvorosa, o rebolado sentindo a Terra girar sob os pés, o balanço, o modo como os ombros se relacionam com a música, a maneira como fazem uma pausa, requebram e mandam ver? Não entendemos o significado de nada disso?

É comum não encontrarmos palavras que ainda não tenham sido escolhidas para expressar tudo isso. Eu vinha pensando muito nesse assunto, no fato de que não conseguíamos descrever isso com nenhuma confiança ou controle, e lá se foram dois dias e nenhuma palavra. Nas conferências de escritoras caribenhas, você não se depara com resistência em torno da política, apenas em torno de certos tipos de política. A política do corpo, do corpo sexual feminino, está fechada; ou aberta apenas para o campo do previsível. Em outra conferência, eu me lembro de um escritor ter ficado desconcertado diante da sugestão de que o escritor ganense Ayi Kwei Armah poderia ser questionado sobre a forma como as mulheres brancas são retratadas em *Why Are We So Blest?*[2] [Por que somos tão abençoados?]. Estava claro que a mulher branca representava a Europa, e sua tortura, a recuperação da masculinidade africana, afirmou ele, como se esse simbolismo fosse sagrado e, de alguma maneira, inalienável. E outro defendeu a Virginal em *Senhores do orvalho*[3], de Jacques Roumain, como o simbolismo correto para a terra imaculada devastada pelos colonizadores. Eu acho impressionante que esse simbolismo, nesse contexto, não receba críticas por ser banal, datado e simplista. Assim, se essa linguagem pertence apenas aos escritores homens como a inscrição mais radical

---
2 *Why Are We So Blest*, Nova York: Doubleday, 1974.
3 J. Roumain, *Senhores do orvalho*, São Paulo: Carambaia, 2020. (N.E.)

do colonialismo/anticolonialismo, então como alguém mais ousaria usá-la, mesmo aquelas a quem pertence o corpo? Como podemos libertá-la dessa aura de "moral elevada", que naturalmente também a impregna do seu oposto?

    A conferência Poesia e Política se tornou menos urgente enquanto eu ouvia e percebia que todo mundo evitava o corpo propriamente dito, e ainda mais desnecessária, porque, se não podíamos nos apropriar de nossos corpos, não podíamos ter coisa alguma. Então, quando chegou minha vez, pedi desculpas por falar de sexo, disse essas coisas e li minha história, "Madame Alaird's Breasts" [Os seios de madame Alaird], que conta como as alunas numa escola só para meninas adoram os peitos da professora de francês. Risos. E eu fiz uma advertência, porque a risada é mais uma estratégia. Mas eu li, apesar de saber onde a história ia dar e de saber que poderia sucumbir ao único jeito como as pessoas sabem ler o corpo feminino, porque, se eu não abrisse caminho para essa história...

    Indignação. Vejo que alguns acham que eu ridicularizei a mulher da história. Que fui indecorosa. Ninguém me diz nada diretamente, mas sinto que ultrapassei o limite. Depois disso, apenas as feministas e as lésbicas falam comigo. Estou atrasada e fico sabendo que a sessão seguinte está cheia de questões sobre lesbianidade e homossexualidade. Foi necessária a hora do almoço para a história se esgueirar pelo público. A ficha do *double entendre* [duplo sentido] lésbico acaba de cair para alguns. Depois do almoço, um homem astuto encara o desafio, como se a conferência tivesse de colocar essa coisa de volta no lugar, essas meninas apaixonadas pelos peitos de uma mulher. Michelle Cliff, a romancista, que se apresentaria na sessão seguinte, teve de responder pela minha indiscrição. A indignação se espalhou pelas mesas do almoço e pelo desafortunado teatro. Quando me aproximo, as pessoas param de falar; amigas parecem pasmadas, como se não quisessem demonstrar o mínimo reconhecimento, com receio de serem associadas à minha afronta, ou sussurram pelas minhas costas. Eu me recolho no hotel, magoada com a reação, ciente de que a provoquei. Eu estava incomodada com o sexo feminino uniforme, homogêneo construído na conferência, o sexo sem sexualidade própria, estava incomodada porque essa mulher podia ser eu, minha tia, minha mãe, minha avó, e talvez uma parte dela estivesse faltando, uma parte que talvez ela mesma apreciasse. Eu me preocupava com o fato de que talvez ela não quisesse ser um símbolo da dor de nenhum escritor ou escritora, inclusive da minha. Eu tinha certeza de que havia momentos em que ela não queria ser nossa mãe ou nosso exemplo de resiliência, momentos em que ela sentia vontade de desmoronar sob o peso de nossa confiança e da tirania de nossa descrição.

Escrever este corpo para seu bel-prazer é como lutar por ele, como tentar libertá-lo de alguma força. A reação diante da minha história confirma essa disputa territorial. Ninguém nunca se propõe a não ser amado. Eu podia voltar para o grupo e dizer que aquela era uma história inócua que não pretendia interromper a uniformidade, não pretendia ofender e que não pretendia exatamente divertir, por si só. Em meu quarto, aprecio a solidão até que a jovem escritora jamaicana Joan Riley aparece procurando alguém com quem conversar. Eu a levo de volta para seu quarto. Não tenho certeza se ela se sente como os demais. Apreensiva, digo-lhe como me sinto. Ela diz: "Não se preocupe com isso. Você tem de escrever a verdade, não importa se ninguém gosta dela." Então, ela me conta da indignação com que a comunidade, em Londres, recebeu seu livro, *The Unbelonging*[4] [O não pertencimento]. Conversamos até tarde.

Tenho de confiar no que sei. Numa de minhas histórias, escrevo que meu avô colocou o som em meu nome, e, em seguida, minha avó colocou o silêncio. Era um silêncio rico e profundo naquilo que ele dizia sobre o modo como meu avô se colocava no mundo. Foi um silêncio que se tornou ainda mais consistente à medida que a vida deles juntos seguiu, até que ela parou de falar com ele completamente. Em vez de falar, ela enviava recados para ele de um canto da sala para outro através de nós, suas netas, mesmo estando a apenas meio metro

---
4 *The Unbelonging*, Londres: Women's Press, 1993.

de distância. "Diga a seu avô que eu..." No início, ele tentou responder diretamente, mas ela replicava com mais recados. "Diga a seu vovô que eu não consigo ouvi-lo." Por fim, ele entendeu e passou a enviar recados também. Após uma longa vida juntos, o que ela queria dizer e o que ele entendia, posso apenas supor. Ele compreendeu que ela queria dizer que nada que ele dissesse seria capaz de mudar o mundo dela. Minha avó tinha partido. Certa vez, escrevi sobre ela:

> nadando na tormenta/ de repente ela perdeu a voz/já que todas as palavras continham sua ruína/ ela gargarejou em seu lugar a água salobra de seus olhos/as noites incessantes/o canto dos grilos /e o salgueiro-chorão,/respirou, arquejante, o que restou no ar/ após um marido e duas gerações de filhos.

Mas, enquanto minha avó dispensou ao meu avô o silêncio, ela nos revelou a elegância grandiosa e sombria da linguagem em histórias que preenchiam nossas noites sem eletricidade, nossas noites de rostos ressecados e estômagos muitas vezes vazios. Usando suas histórias como se fossem alimento, ela nos encheu de lendas de mulheres voadoras que habitavam a escuridão inquieta. Como se ignorasse o dia e reorganizasse o mundo com seus ritmos noturnos, ela definia os eventos, os verdadeiros significados do mundo. Os contornos obtusos dos dias, a brutalidade da carência, tudo ela adaptava à dialética, às causas e à redenção de suas histórias. Toda criança do lugar onde nasci ouvia essas histórias, mas o que ficou em minha memória das versões que minha avó contava das histórias da *Soucouyant*[5] e *La Jablesse*[6], mulheres tão diferentes dela, é o modo como elas lhe arrancavam uma voz que ia do som mais gutural ao mais meloso.

Através desses sons, ela enviava mensagens para nós meninas, parábolas sobre como deveríamos viver no mundo. Ela não se via como uma pessoa fora de seu tempo e de seu contexto, então suas instruções, embora profundas, eram um tanto incompletas. Eram

---
[5] Pertencente à mitologia caribenha, a *Soucouyant* é uma mulher durante o dia e à noite troca de pele e se transforma em uma bola de fogo que pode voar. Alimenta-se do sangue de outros animais, humanos e não humanos. (N.T.)
[6] Pertencente à mitologia caribenha, *La Jablesse* é uma mulher com um pé humano e uma pata com casco fendido que frequenta cemitérios e encruzilhadas. Ela seduz e ataca os homens. (N.T.)

apenas um vislumbre do real. Na maioria dos dias, seu corpo se encolhia num ponto de interrogação sobre a cama. Ela era, no entanto, a mais sugestiva possível quanto à tomada do poder, com os dedos engelhados de tanto lavar roupa. Mas ela nos oferecia pitadas suficientes de seus conselhos para nutrir o espírito feminino em nós: a risada enquanto falava da troca de pele da *Soucouyant* num barril de água da chuva deixava no ar a insinuação sorridente de que um dia ela fora uma mulher formosa.

Eu acho que as mulheres aprendem o prazer sexual com outras mulheres. O severo código da heterossexualidade nos leva a pensar que só conhecemos o prazer sexual quando passamos a notar os homens, ou que pelo menos deveria ser assim. Mas os códigos só são necessários quando há variação, questões de poder. A necessidade de regular revela as possibilidades. Apesar de tudo isso, acho que temos vislumbres, apreendemos um gesto aqui, outro ali. Nós nos lembramos, apesar do condicionamento que recebemos como mulheres para não nos lembrarmos de outras mulheres, para ter vergonha dessa memória ou para considerá-la imatura. É, todavia, nesse gesto que descobrimos nossa sexualidade – lésbica e hétero. Quando tento rastrear minha sensibilidade lésbica, deparo-me com antigas imagens: a mulher que morava na minha rua, cujo apelido era "Azedinha" por causa de uma balinha vermelha; a mulher que morava em frente à minha casa, cuja risada agitava sedutoramente a rua de uma ponta a outra; a mulher iluminada pelo último raio de sol da High Street, em San Fernando, com o sorriso dourado; uma de minhas tias escondida na varanda de madrugada, surpreendendo outra que entrava sorrateiramente e cantando para ela o calipso "Where You Been Last Night, Caroline" dando risadinhas. Esses eram sinais de sensualidade, desejo e prazer, e muitos outros se tornaram partes de minha consciência, ocupando meu imaginário histórico tanto quanto a mulher se levantando de madrugada, saindo da senzala para o campo com a enxada sobre os ombros.

Janice Lee Liddell, num ensaio em *Out of the Kumbla* [Feito em Kumbla], escreve:

> A imagem da mãe – doadora e provedora da vida; professora e incitadora de valores e convenções morais – de fato se tornou um dos mais persistentes arquétipos caribenhos. No Caribe, como em quase todos os lugares do mundo, qualquer crítica ao mais célebre e reprodutivo dos papéis humanos será muito provavelmente recebida com olhar de desprezo por mulheres e homens, uma vez que ambos internalizaram tão bem os mitos da maternidade que ignoram a dura realidade... Tem sido difícil para as mulheres – e praticamente impossível para os homens – admitir que esse honroso destino-feminino pode ser, e geralmente é, restritivo e debilitante; que a pressão da sociedade para ser "uma boa mãe" quase sempre obstrui mais oportunidades criativas do que as fornece.[7]

Na obra de escritores homens, como a de Jacques Roumain, Earl Lovelace ou George Lamming, o corpo feminino é ora maternal, ora virgem, o que dá na mesma – remete à terra a ser atravessada ou possuída. Suas descrições são idílicas, laudatórias e imaginárias, inevitavelmente sobre o território, o continente. Vejamos Lovelace, falando através de sua narradora Eva em *The Wine of Astonishment* [O vinho do espanto]:

> E eis essa moça, Eulalie Clifford de River Road, a bela da vila, uma jovem potranca balançando o traseiro, caminhando com aquela feminilidade suave, delicada e provocante, com olhos semicerrados num olhar ousado e sorridente, e, apesar de seu vestido ser do mesmo material dos vestidos de qualquer moça, o vestido de Eulalie Clifford traz nele um ar primaveril, um quê diferente, uma vida e, quando ela anda, a saia bate nos quadris, e o tecido dança e se agarra ao corpo e aperta a carne, como se não fosse um tecido, mas um ser vivo. Eis uma moça... rebolando pelas estradas de chão, deixando todos os homens do caminho com água na boca, fazendo as velhas sorrirem, acenarem e quererem se aproximar para tocá-la e abençoá-la.[8]

A fêmea é feita para um homem sexualmente versado no corpo feminino essencial, que não passa de um corpo jovem, malfadado, inexperiente e à espera do controle e do comando inevitáveis. Vejamos Jacques Roumain em *Senhores do orvalho*. O que vemos é a mulher como país, terra virgem e intocada, território para a luta anticolonial. Esses

---
[7] Janice Lee Liddell, "The Narrow Enclosure of Motherdom/Martyrdom: A Study Gatha Randall Barton in Sylvia Wvnter's The Hills of Hebron", in Carol Boyce Davies e Elaine Fido, *Out Of The Kumbla: Caribbean Women and Literature*, Nova Jersey: Africa New Press, 1983, p. 321.
[8] Earl Lovelace, *The Wine of Astonishment*, Long Grove, Illinois: Waveland Press, 2014, p. 44.

escritores não estão mal-intencionados, mas sua abordagem do corpo da mulher negra é redentora dos violados e base do pedestal binário.

Nas escritoras mulheres, há a segurança da mãe, da tia, a proteção e a resistência ao que vem de fora. Em *Crick Crack, Monkey* [Crick Crack, macaco][9], as figuras femininas de Merle Hodge dominam o romance tanto quanto dominam o interior das próprias vidas. Embora as mulheres não dominem a vida política ou a vida fora de casa, elas controlam o que podem, dado o alinhamento social de mulheres e homens na sociedade caribenha. Raramente inseridas em famílias nucleares patrilineares, as personagens mantêm suas famílias em estruturas matrilineares. Tee, a narradora, é criada por sua Tanti[10] desde que a mãe morreu no parto e o pai foi embora para a Inglaterra. Tanti é uma alegre batalhadora propensa ao riso, à bebida e à defesa ferrenha de seus filhos e de sua classe. Ela cuida dos irmãos Tee e Toddan e do adolescente Mikey (primo deles). Nenhum deles é filho biológico de Tanti, mas todos são seus filhos mesmo assim. Tia Beatrice, a irmã da mãe de Tee e conhecida no léxico de Tanti, da rua e da casa de Tanti como "a megera", quer tirar Tee e Toddan da vida de Tanti, uma vida que Beatrice chama de "negrice". Tee acaba indo morar com a tia Beatrice e no final do romance embarca para a Inglaterra com sentimentos ambivalentes em relação ao mundo de Tanti, do qual ela foi levada a se sentir envergonhada. No entanto, o mundo de Tanti era o lugar onde ela mais se sentia segura e humana, um refúgio do constrangimento e da rejeição com os quais se depara no mundo de tia Beatrice. *Crick Crack* é uma abordagem refinada da formação de uma menina na sociedade caribenha; os temas de raça e colonialismo se aproximam do modo como são abordados em textos masculinos, mas o romance de Hodge se baseia no âmago da vida das mulheres. Aquela avó ou tia heroica e todo-poderosa se torna a fonte da narrativa mais lírica. Tee vê sua avó Ma à luz dessa narrativa.

---
9 O livro *Crick Crack, Monkey*, de Merle Hodge (Trinidad, 1944) foi lançado em 1970. (N.E.)
10 Termo usado para "tia" no Caribe. (N.T.)

> Todo dia Ma acordava com um gemido que era logo superado pelo barulho alto e breve do estalar dos dentes. Ela se levantava numa hora indescritível, e meio adormecida eu via uma montanha se livrar da névoa com um tremor poderoso e via a névoa se dissipar em gotículas de nuvem. O estalar de dentes com o qual Ma cumprimentava o dia expressava sua atitude essencial diante de toda a existência – cê vai se lamuriá pra quê? Diante do desagradável e do inevitável, do inesperado e do irreversível, a tudo aquilo que Ma não conseguia derrotar ou frustrar no grito ou superar com sua força de leoa, ela reagia estalando os dentes, com um estalo mais ou menos alto, mais ou menos longo.[11]

Temos uma noção da conexão física, sensual e histórica de Tee com Ma:

> [...] a satisfação de se sentar entre os joelhos de Ma e ter o cabelo trançado. O ar úmido no meio do dia era como se o tempo se olhasse no espelho, os dois rostos imóveis e sonhadores num olhar eterno. Eu era Tee, com o mesmo semblante atrevido de Ma, aguerrido como o diabo, mas essa é sua avó maravilhosa, essa é ela, brigada, Senhô. Às vezes, quando os outros não estavam por perto, ela se aproximava de repente: "E quenhé o docinho de Ma?"[12]

Eu estava ansiosa para saber o que nas obras de Joan Riley atraíra os tais uivos de fúria e entendi quando as li, uma vez que não encontrei nelas a mãe, tia ou avó heroica, mas o eu feminino exposto, traído, valente e violado, a vulnerável e a temerosa, a mulher à espera da provável invasão. Mas o que deve ter amaldiçoado Riley foi apontar para os homens como fonte dessa exploração na vida daquelas mulheres. O romance *The Unbelonging* é sobre uma jovem, Hyacinthe, que é enviada para a Inglaterra para conhecer o pai, deixando para trás a tia Joyce e duas amigas, Florence e Cynthia. Ela tem onze anos ao chegar na Inglaterra, e encontra um pai brutal e uma madrasta rancorosa em razão dos espancamentos que sofre nas mãos do companheiro. Vivendo sem afeto e na pobreza, num dos bairros negros degradados da Inglaterra, logo a Jamaica, tia Joyce, Florence e Cynthia se tornam cada vez mais edênicas em seus sonhos. Riley intercala os textos com os sonhos de

---
11 Earl Lovelace, *The Wine of Astonishment*, p. 44.
12 Merle Hodge, *Crick Crack, Monkey*, p. 16.

Hyacinthe, repletos de tanta saudade e medo que a jovem começa a urinar na cama ao acordar para a realidade. O pai bate nela todos os dias até o dia em que ela menstrua pela primeira vez e ele começa a ameaçá-la sexualmente. A vida de Hyacinthe é uma vida de pavor dos espancamentos do pai, de suas agressões sexuais e da discriminação racial que também enfrenta diariamente no pátio da escola e nas salas de aula. A personagem se transforma em ódio a si mesma e é tomada pelo medo em torno da raça e do sexo. Ela não só não pertence à Inglaterra e aos brancos como também não pertence ao próprio corpo ou à sua crescente condição de mulher. Seu eu feminino é algo perigoso que ela é forçada a carregar consigo; é o sinal verde para o ataque dos homens que ela encontra pelo caminho depois que foge da casa paterna e é colocada sob guarda até os dezoito anos. Por mais que aos olhos do mundo britânico branco, no mundo das pessoas brancas e dos homens negros, o eu negro de Hyacinthe seja o sinal verde para o ataque, ela segue por uma linha tênue, desesperada, enquanto a repulsa por si mesma e o isolamento apertam o cerco todos os dias. Até os sonhos idílicos do início do romance se tornam cada vez mais impregnados do terror do presente e da possibilidade de não corresponderem à realidade.

 O fardo do corpo é uma imagem tão persistente na literatura de mulheres caribenhas quanto na vida de mulheres negras e só diminui na mulher idosa que já se encontra em outro patamar – como ocorre com o corpo da tia Joyce: "Elas tinham tido sorte de conseguir um lugar na frente, e ela se abrigou no corpo volumoso e acolhedor de tia Joyce enquanto a multidão avançava em sua direção."[13] O progresso do corpo de tia Joyce ao longo do romance, de "rosto grande e semblante impaciente [...] amoroso" para "uma velha de corpo mirado [...] o rosto enrugado, com olhos fundos e cara de morte", está diretamente ligado à sanidade de Hyacinthe. Ela retorna à Jamaica para se recuperar, confiando na segurança do corpo volumoso de tia Joyce e no próprio desejo de se tornar parte dessa segurança. Em vez disso,

---
13 Ibid., p. 18-19.

ela se depara com uma tia Joyce tão esquálida e receosa quanto ela e tão horripilante quanto. "E, no fundo de seu ser, enterrada dentro do seu corpo de mulher, encurralada e sangrando em seu recôndito mais profundo, uma menina gritou."[14] Riley nos deixa com a imagem de uma mulher negra que ainda precisa ser tratada e curada, alguém que transita entre a mãe e a mulher ferida, um eu negro feminino "encurralado e sangrando." O livro de Riley tinha violado a lei do silêncio estabelecida para a feminilidade negra. Ela havia afirmado que, longe de estar ali para seduzir os homens ou para ser devastada, como a terra foi pelo colonizador, a feminilidade negra estava ferida e só se recuperaria por conta própria, e talvez nem assim.

Em *The Unbelonging*, o olhar da raça e o olhar do sexo são descritos de forma quase idêntica:

> Ela odiava os banheiros comunitários, odiava ter de andar nua e indefesa entre os chuveiros, sua negritude exposta para todos verem, para rirem dela pelas costas. Ela sabia que o faziam, embora tivessem sempre o cuidado de esconder dela.[15]

> Ela havia dado um jeito de não pensar mais no assunto até que ele começou a observá-la no banho. Hyacinthe odiava esses momentos. Ela se sentava na banheira, morta de vergonha. "Se lave, menina", dizia ele, e ela abaixava a cabeça, constrangida, enquanto esfregava a parte de cima do corpo, rezando para que ele fosse embora antes que ela precisasse se levantar. Muitas vezes, ele a mandava se levantar e se lavar, e a consciência do volume nas calças dele a forçava a obedecer. Ela odiava o próprio corpo, tinha vergonha dos tufos de pelos pretos que começavam a crescer na região pubiana e dos seios que estavam despontando.[16]

"Você tem que tomar cuidado com seu pai", diz a madrasta quando ela começa a menstruar. "Você já tem idade suficiente pra ele te incomodar como fez com tua prima." "Eles não gostam de nega aqui", avisa o pai, referindo-se aos brancos. Os avisos são os mesmos, sexo ou raça.

---
14 Joan Riley, op. cit., p. 9.
15 Ibid., p. 143.
16 Ibid., p. 52.

Em outro romance de Riley, *Waiting in the Twilight* [A espera na penumbra], a heroína, Adella, acaba indo morar num "terreno" com outras mulheres que compartilham a mesma situação – solteiras, com filhos, pobres e dependentes. O "terreno" na vida urbana jamaicana é uma área cercada composta de barracos e cômodos povoados principalmente por mulheres e crianças. No terreno, Adella aprende cedo os riscos de se depender dos homens. O terreno é o território da fome, da exploração masculina, do improviso, da dependência econômica e da amargura. As mulheres são não só enrijecidas pela própria fecundidade como são também culpadas por ela, ao mesmo tempo que é seu dever procriar, tornar-se a mãe. A velhice é o único momento em que as mulheres escapam do fardo incerto e arriscado da fecundidade. Até lá, e se sobreviverem à condição de mulher, uma litania de adversidades está destinada ao seu gênero e à sua raça. É impossível encontrar nos romances de Riley mulheres negras sentindo prazer sexual. Desde o início do romance *Waiting in the Twilight*, o corpo feminino é retratado como incômodo, inútil, fora do controle do eu. A "ameaça" da fecundidade ofusca a vida das mulheres do romance. A mulher como mãe, como a que caiu em desgraça por ter tido filhos fora do casamento e como a rejeitada por não conseguir gerar um filho, define a vida de Adella e a vida das mulheres negras nas ruas da Londres onde ela vive.

Depois de ler *Waiting in the Twilight*, nós nos perguntamos por que essas mulheres estão vivas, afinal; se a imagem desesperadora da condição da mulher negra que Riley pinta estiver correta, que possível razão as mulheres negras teriam para viver? "A dor não mata ninguém", diz Adella. Compare a descrição que Riley faz da vida feminina à passagem citada anteriormente de *Wine of Astonishment*, de Lovelace. A conivência com a objetificação feminina por parte das mulheres mais velhas está incorporada na interpretação de Lovelace, assim como sua completa romantização da vida da mulher negra, mas Riley mostra essa conivência como uma sentença cruel passada de geração em geração. Não podemos contestar a dura semelhança com a vida real nos romances de Riley, embora ela não ofereça qualquer alívio para o horror. Alguma mulher, em algum momento, acho eu, deve ter tido algum arbítrio sobre o sensual, o prazeroso e o soberano.

A obra da escritora antiguana Jamaica Kincaid se distingue por desafiar esses temas relacionados ao corpo de mulheres negras caribenhas. Em *Annie John*, ela examina as conexões sensuais entre mãe e filha de uma forma franca e reveladora e de uma maneira que, antes da intervenção de Kincaid, era de domínio exclusivo do *Bildungsroman* caribenho masculino. Ao ler o texto anticolonial como um texto determinado pelo gênero, ela propõe o texto mãe-como-corpo para a formação de Annie mesmo que a mãe não abra mão da própria integridade física. No capítulo intitulado "The Circling Hand" [A mão que circunda], Annie vê a mãe fazendo sexo com o pai e se sente traída e revoltada. No distanciamento da mãe em relação a Annie nesse ato, Kincaid permite a cada uma a própria soberania, ainda que essa soberania separe as duas. Kincaid também não tem medo de permitir que suas personagens reivindiquem o erotismo lésbico como um atributo da vida feminina. O fascínio de Annie pelos rebeldes, pelos livros, através de uma relação intensamente sensual com "a ruiva", rompe com a tradição de não revelar o alcance do erotismo que as mulheres experimentam e desafia o perigo de revelar qualquer erotização que não seja destinada ao consumo masculino. Mas parece que nenhuma escritora caribenha consegue resistir à grande mãe, seja ela uma avó, tia ou anciã.

Na coletânea *At the Bottom of the River* [No fundo do rio,], de Kincaid, numa história chamada "My Mother" [Minha Mãe][17], o espectro da mãe é grandioso e lindamente aterrorizante:

> Minha mãe se despiu e cobriu toda a pele com um espesso óleo dourado que tinha sido recentemente coletado numa panela quente a partir do fígado de répteis com pescoços dilatados [...] Ela desenrolou o cabelo e, em seguida, o removeu da cabeça por completo. Colocando a cabeça entre as palmas das mãos, ela a achatou de modo que os olhos, que a essas alturas estavam incandescentes, se alojassem no topo da

---
[17] No Brasil, foi publicado com sucesso sob o título *A autobiografia da minha mãe*, São Paulo: Alfaguara, 2020. (N.E.)

cabeça [...] Depois, fazendo duas linhas na sola de cada pé, ela dividiu os pés em intersecções. Em silêncio, ela havia me instruído a seguir seu exemplo.[18]

E talvez nenhuma escritora caribenha consiga resistir à noção de que a mãe é seu futuro. Aqui, mais uma vez, Kincaid expressa todo nosso medo, direito, ambiguidade e autorreconhecimento.

> Minha mãe se tornou uma mulher muito alta. Eu também fiquei muito alta, mas a altura da minha mãe é três vezes a minha. Às vezes, eu não consigo ver o que fica acima dos seios dela, de tanto que ela se mistura com a atmosfera. Um dia, vendo-a se sentar na praia e enfiar a mão na água para acariciar a barriga de um peixe listrado que nadava por um lugar onde os mares se encontram, eu fiquei vermelha de raiva [...] Eu enfeitava o rosto de cada lua com as expressões que eu tinha visto no rosto de minha mãe. Todas as expressões se pareciam comigo.[19]

Essa é uma mãe que rivaliza com a Silla de *Brown Girl, Brownstones* [Menina marrom, pedra marrom], de Paule Marshall,[20] em poder e fisicalidade. Na obra de ficção seguinte de Kincaid, *Lucy*, a mãe está mais distante, mas se faz presente. Para se reinventar, a protagonista para de ler as cartas da mãe.

Tanto *Annie John* quanto *Lucy* são textos anticoloniais e antipatriarcais, tecendo análises simultâneas sobre as duas conjunturas. Mas eles também fazem outra coisa. As Heras rompem com as poderosas convenções de ambas. As obras rejeitam essas convenções e falam sobre o que realmente nos preocupa na vida cotidiana: não apenas aquilo que é externo, o encontro com a "branquitude", mas a subjetividade ininterrupta. Kincaid se contenta não em criar paradigmas, mas em desestabilizar o que está estabelecido, em tratar do que nos interessa.

Em *Out of the Kumbla* [Fora de Kumbla], a crítica caribenha Carole Boyce Davies discute o "eu feminino" como um eu amplamente preocupado com a identidade mãe-filha e faz apenas uma referência

---
18 Jamaica Kincaid, *At the Bottom of the River*, New York: Farrar Straus Giroux, 2000, p. 55.
19 Ibid., p. 58.
20 Paule Marshall (1929-2019) foi uma escritora estadunidense de ascendência caribenha. (N.E.)

passageira à sexualidade e à sensualidade. Mesmo quando se encontra diante das referências explícitas ao sexo e à sensualidade, como na obra das escritoras lésbicas Audre Lorde e Michelle Cliff, ou quando se refere ao que eu leio como uma passagem lésbico-erótica em *At the Bottom of the River* [No fundo do rio], de Kincaid, Boyce Davies submerge essas passagens numa análise freudiana (uma inversão) da relação mãe-filha. "Mãe-filha" é o único eu "feminino" que Boyce Davies permite dentro do que ela diz ser um exame da "autodefinição que leva em conta gênero e legado" das escritoras caribenhas. Embora considere seu foco crítico negro feminista, em seu ensaio "Writing Home" [Cartas para casa], ela ignora o "eu feminino" que não faça parte da relação mãe-filha. Essas grandes mães que dominam nossos textos não se encaixam tão bem em categorias euroconscientes precisamente porque existem apesar delas. E a gente se pergunta se essa tentação de encaixá-las não é por si só uma estratégia para regulamentar nossas relações como prova de nossa similaridade e humanidade por meio de paradigmas europeus. Ou talvez seja apenas uma preocupação com a retidão moral cristã – a boa filha e a boa mãe. Ou talvez seja o medo da sexualidade propriamente dita e da maneira como ela vaza desses textos, desafiando a categorização literária ou social.

Eu fui criada numa sociedade na qual a sensualidade não era proibida, na qual o calipso cristalizava o *double entendre* sexual e na qual dois dias de carnaval incentivavam a exposição sexual, mas isso não significava liberdade sexual para as mulheres. Toda a abertura e exposição ocorriam dentro do contexto de servir à sexualidade masculina. Talvez houvesse mais exceções, ou pelo menos eu gostaria de pensar assim, de sexualidade feminina em si, mas as esquinas das ruas estavam cheias de importunações sexuais misóginas, e, apesar do *cross-dressing*[21] (principalmente homens vestidos de mulher) das segundas de carnaval, na Quarta-Feira de Cinzas, uma lésbica podia ser estuprada por causa de tal exposição pública.

---
21 Ato de se vestir com roupas e acessórios associados socialmente ao gênero oposto àquele com o qual a pessoa se identifica. (N.T.)

Para mim, a estratégia mais radical do corpo feminino em benefício próprio é o corpo lésbico que confessa todo o desejo e fascínio por si. "Madame Alaird's Breasts" foi minha primeira confissão aberta desse desejo, além de uma representação honesta do que realmente acontece. Ouvimos boatos. E é claro que nós os ouvimos na linguagem. O primeiro boato de que me lembro sobre a vida lésbica no Caribe vem do final do século XIX. Ao deixar as fazendas, onde o trabalho das mulheres valia a metade do dos homens, as mulheres dominaram as cidades em número e cultura. Elas eram a maioria dos pobres e se organizaram numa subclasse com estilo e cultura próprios. Em Port-of-Spain, Trinidad, por exemplo, havia gangues de mulheres chamadas *jamettes*. *Jamette* significa mulher solta. Que seria, sugere a historiadora indiana Bridget Brereton[22], uma variação local do termo francês *diamètre*[23] e uma referência ao submundo. O termo ainda é usado para se referir a uma mulher ou prostituta audaciosa, espalhafatosa e sexualmente "solta". No artigo "Women and Crime in Late Nineteenth Century Trinidad" [A mulher e o crime na Trinidad do final do século XIX], David Trotman sugere que as mulheres viviam em vários tipos de relacionamentos, incluindo relacionamentos lésbicos.

Minha avó costumava dizer: "Não vá sair por aí se comportando feito uma *jamettinha*", e dizia também que meu tio estava se transformando num homem *jamette*, e minha tia soltava o verbo, dizendo "Cê já chamô eu de jamette" quando minha avó não queria que ela saísse.

As mais notórias entre as *jamettes*, segundo Trotman, eram Bodicea e Petite Belle Lili. Eu me lembro de ouvir a respeito de Bodicea quando eu era pequena, a conotação era de que ela não só era uma prostituta mas também lésbica e encrenqueira. Trotman sugere que indícios de lesbianidade podem ser encontrados entre as *jamettes* se olharmos para os registros judiciais da época, que dizem, por exemplo, que essa ou aquela mulher e sua amiga tinham se metido numa briga,

---
22 Bridget Brereton (Índia, 1944) é historiadora radicada em Trinidad, professora emérita da Universidade das Índias Ocidentais. (N.E.)
23 Diamètre significa "diâmetro" em português, e, de acordo com Bridget Brereton, o termo se refere à linha que divide grupos sociais e que submete as jamettes ao "submundo". (N.T.)

ou que tal mulher e sua amiga tinham sido acusadas de espancar um homem que as tinha importunado. O confinamento das mulheres no âmbito do lar no início do século XX e o uso da polícia para conter a cultura e o estilo de vida das *jamettes* jogaram sua cultura na clandestinidade, restando apenas fragmentos dela na linguagem, as partes que se referiam à sexualidade masculina. Assim, quando conheci a palavra *jamette*, ela havia passado a significar estritamente prostituta.

E há *zami*, que significa amar-mulheres, ou *zaming* e fazer *zami*, que significa mulheres fodendo ou fazendo amor. Às vezes, a linguagem é menos óbvia por ser tão comumente afetuosa. Então, minha tia disse, quando lhe perguntei se ela já havia conhecido alguma lésbica, que sim, uma vez, uma mulher, uma mulher linda, diz ela, disse que a amava, e minha tia me disse "Ora, você sabe como a gente fala, então, eu não achei nada de mais." Até que seu marido explicou o que a mulher realmente tinha querido dizer. Mas eu me lembro do modo como o nome das mulheres era pronunciado, sugerindo ousadia, porque essas mulheres eram também lutadoras, ora, porque elas tinham de lutar.

O que despertou meu interesse por essas mulheres foi o empenho cultural em fazer de conta que elas nunca existiram e que não moldaram nossa sexualidade e, portanto, nossa história. Talvez elas não apareçam porque são inconvenientes, tão inconvenientes quanto Tanti é para tia Beatrice em *Crick Crack, Monkey*. Na construção de classes neocoloniais por meio de gênero e privilégio, tais revelações sexuais são inconvenientes, impróprias; elas não se encaixam nas estruturas de completo controle e exploração das mulheres nessas classes.

Há um discurso curiosamente "civilizador" em tudo isso – tentando fazer o corpo feminino negro andar na linha. Talvez a grande mãe apareça em todos os nossos textos, saindo pelo ladrão e fora de controle, para nos lembrar disso.

QUEM OLHA E QUEM FALA POR QUEM

Assisto ao filme *Por volta da meia-noite* no cinema Bloor. Dexter Gordon, o saxofonista, interpreta um personagem que se baseia vagamente no saxofonista Lester Young. "Um homem caindo aos pedaços", conforme se lê na divulgação do filme, o personagem de Gordon faz amizade com um branco francês que é seu fã e cuja admiração pelo grande nome do jazz o leva a seguir com o personagem de Gordon até Nova Iorque e a acompanhar sua vida no submundo do jazz – os empresários sem escrúpulos, as boates, as drogas, a genialidade... O filme estabelece seu ponto de vista e, portanto, o nosso no homem branco que projeta e traduz o dramático virtuoso do jazz. O homem branco francês é o canal, o código através do qual o gênio negro é explicado. O público vê Gordon ora em planos abertos em ângulo oblíquo, ora de olhos úmidos e vermelhos, ora em planos que se fecham, ou sentado numa sala sombria balbuciando alguma coisa ou resmungando, seja para si mesmo, seja para o homem branco. E então voltamos a vê-lo na pureza de suas apresentações, que são por si só esboços de ruína; e há ainda os momentos de opacidade, de cenas que se esvanecem e se convertem em som. Somos levados a ver Gordon através do homem branco... Gordon é trágico e talentoso, "Negro" e divino, indefeso e poderoso, o idiota enrolado e o gênio absoluto. Embora o homem branco seja totalmente supérfluo – ele mesmo não está situado em nenhum tempo ou lugar e não passa de uma espécie de transparência universal, com seus olhos registrando afeição tolerante, pena, pesar e certezas desastrosas enquanto a câmera nos faz vê-lo observar Gordon –, ele é, no entanto, nosso olhar, nosso caminho para entender o personagem de Gordon, que nunca fala diretamente conosco, apenas através da luz difusa e benevolente dos olhos do homem branco. Somente através dessa intervenção na representação, com a tela descentralizando Gordon como o sujeito de sua vida, podemos identificar Gordon, e só podemos identificá-lo como uma aproximação, e não uma realidade, da presença humana. A presença humana é o olho benevolente e universal do homem branco, e Gordon é o objeto de sua confirmação e correção arbitrárias e intermináveis em busca da similitude humana. Nitidamente, eu não era o público que o filme tinha em mente, porque o público é construído através dos olhos do homem branco – seus olhares bem informados se comunicam com outro conhecedor fora da tela. Juntos – o francês e o público branco genérico, incluindo o anglo-canadense –, eles sabem de alguma coisa que Gordon não sabe. Eles constroem Gordon como objeto de piedade e de uma terrível sina. Em seu ensaio "Representações da branquitude na imaginação negra", bell hooks nos diz que "questões de mero reconhecimento estão ligadas à prática da dominação racial imperialista."[1] Sentada na plateia, eu sinto que estou sob escrutínio; eu, também, sinto o olhar dele e o olhar do conhecedor se comunicando com a tela. Identifico esse olhar como o olhar do racismo liberal, que codifica o gênio negro como trágico, mas de alguma forma energizante para o homem branco, que adquire "arbítrio" na dissolução moral do gênio. Eu mesma me sinto dissoluta, sob o olhar do público, quando saio do cinema.

Certa noite, eu assisto a um documentário sobre Thelonious Monk no Backstage Cinema da Balmuto Street, em Toronto. O público era branco, exceto eu e minha companheira. Entusiastas do jazz. Monk dá piruetas, gira sem parar no camarim, na estação de trem, no ônibus da turnê... ele gira, sorri, dá risadinhas e fica sério... o público do Backstage ri. Minha companheira e eu vemos Monk enlouquecer. Quanto mais Monk rodopia, mais o público ri. Eu me pergunto do que eles estão rindo. É como se as pessoas achassem que a loucura faz parte da atuação, que está exposta ali para entretê-los. Elas riem como se estivessem em sintonia com Monk, do mesmo modo que um público de jazz estala os dedos ou acena quando o artista manda ver. Tudo que vejo é tanta vulnerabilidade que dói assistir. Tudo que vejo é Monk enlouquecendo, e percebo que o filme não fala nada sobre os motivos. Nem uma palavra sobre a condição da negritude nos Estados Unidos; nem uma palavra sobre a mãe de Monk – ele tinha uma irmã? em que

---
[1] bell hooks, "Representations of Whiteness in the Black Imagination", in *Black Looks: Race and Representation*, Between the Lines, Toronto, 1992, p. 147.

rua ele foi criado? ele gostava de comer carne? por exemplo. Ouço as pessoas rirem de Monk, doente do país onde vivia, relaxadas como se estivessem tomando uma bebida. Por fim, sinto tanta raiva e tanta tristeza por Monk e por mim que solto um grito no meio do cinema: "Qual é a porcaria da graça?!"

Participo de uma excursão de escritoras canadenses até Norwich, na Inglaterra. Na chegada, fazemos o check-in e decidimos sair para comer. Chegando no pub mais próximo, um grupo de jovens brancos aponta para mim e começa a rir, chamando a atenção de outras pessoas no pub. Até aquele momento, eu não tinha avistado nenhum outro rosto negro nas imediações. Mais tarde, após as apresentações, vamos ao melhor restaurante da cidade. As paredes estão cobertas de pôsteres de John Coltrane, Ella Fitzgerald, Billie Holiday, Dexter Gordon, Randy Weston, Dinah Washington, Charlie "Bird" Parker, Cecil Taylor etc., etc. De Toronto a Norwich, percebo o gosto do público branco por pessoas negras. Ouvimos Bird enquanto comemos. Outra escritora à mesa me pergunta como o racismo faz com que eu me sinta. Moralmente superior, respondo sem hesitar, e ela fica surpresa. Não interessa como eu me sinto, digo a ela. Estou mais preocupada com o tipo de caráter que pratica o racismo, que o contempla, que o projeta e o executa todos os dias até que se torne algo casual, do senso comum. Esse é o caráter de um torturador.

Um Festival de Blues no Harbourfront Centre, em Toronto, no verão passado: Pinetop Perkins, 93 anos, pianista de blues. Aturo vários pianistas de blues entediantes só para ouvir Pinetop Perkins tocar. É uma oficina de piano. O resto não vale a pena, então minha namorada e eu tomamos uma cerveja e esperamos. Ela faz cara feia para todos os aspirantes. Uma jovem pianista fala de como ela mistura o blues de doze compassos com a música clássica europeia, e então responde a uma pergunta do público. Aliás, o público na Sala Brigantine é majoritariamente branco, assim como os pianistas de blues, exceto Pinetop Perkins. Alguém pergunta quando o piano blues se desenvolveu, nos termos dela, "para além do blues de doze compassos." Ela dá uma resposta formidável: "Quando Freud e Jung descobriram mais a psique humana na Europa, todo esse pensamento teve influência no blues." Em uníssono, minha namorada e eu soltamos um sonoro "Faça-me o favor!" Como se Freud tivesse descoberto o Delta do Mississippi, como se tivesse colocado um divã num *buffet flat* em Chicago![2] Pinetop enfim apareceu, insinuando, com humildade, que na verdade ele não sabia muito de música, mas que tinha aprendido a tocar de ouvido, que tinha composto algumas peças e elas soavam assim... que amava o blues desde sempre, que era tudo muito simples. Ele contou com quem aprendeu cada *lick*[3], quais eram os seus, quando compôs o quê e como tinha sorte de tocar blues. Perkins provoca os pianistas brancos que acabou de ouvir. Apenas um deles se preocupa em mencionar a história do blues – ele até diz as palavras "povo negro", ao contrário dos outros. Algo me diz que Perkins decidiu ressaltar toda aquela apropriação a partir de uma simples declaração de honestidade e responsabilidade.

Há outra dinâmica racializada acontecendo aqui. Pinetop Perkins está sendo usado como coadjuvante racial na imagem que a oficina de blues passa sobre relações raciais e encontro interracial. Ele é um velho homem do blues, e, numa comunidade negra de músicos de blues e plateias de blues, seu virtuosismo seria saudado com pompa e circunstância como uma espécie de discurso histórico num *continuum*, uma linguagem projetada, compreendida e ainda viva. Na oficina de blues, Perkins está suspenso no tempo, fora de contexto, preservado como uma peça de museu, um ícone já desprovido de disposição, de lugar, de dinamismo, não mais visto como alguém ativo, mas como inerte, como um resquício de uma cultura morta – ou melhor, conquistada. Frantz Fanon disse uma vez que é assim que a cultura europeia gosta de ver a cultura daqueles que conquistou, como sentimento em vez de significado ou ação. Assim, na oficina de blues não havia pianistas de blues negros contemporâneos para estragar a mediação branca da cultura

---
2 Em algumas cidades dos Estados Unidos, casas ou apartamentos convertidos em bordéis durante os anos 1920 e 1930 que, além de abrigar *sex shows*, serviam bebidas e outras drogas durante a lei seca. (N.T.)
3 *Lick*: na música, termo que designa pequenas sequências de notas que em geral fazem parte de um solo. (N.T.)

negra petrificada no tempo, cheia de tristeza "antiga", sem nenhuma incômoda raiva atual e decerto nenhuma intenção hostil.

Convidada para uma mesa sobre apropriação cultural na Universidade de Toronto com o tema "Quem pode falar por quem", decido ir direto ao ponto, sem meias-palavras. Olha, esse papo de apropriação não tem nada a ver comigo. Isso é coisa dos liberais brancos (não dos conservadores porque esses são sinceros, grosseiros até, quanto às intenções desde o início) que estão chateados porque talvez, só talvez, eles precisem verificar do que estão falando antes de falar, e talvez, só talvez, eles não saibam do que diabos estão falando quando falam de qualquer um que não sejam eles. Mas isso é problema deles. Eu não me meto nisso. Nós percebemos essa porcaria já nos anos 1960. Será que os brancos nunca ouviram falar em imperialismo cultural? Deve haver algum tipo de amnésia circulando, ou então essa é a nação mais simplória do planeta ou esse povo tá numa baita negação. Mas isso não é problema meu porque, se tem alguém me roubando, pode apostar que eu não vou avisar que, olha, talvez você não tenha percebido, mas a sua mão tá no meu bolso, pois nós dois sabemos o que realmente está rolando ali. Eu não entro nessa. Então levem essa bobajada ingênua pra lá ou então admitam que vocês estão mentindo e que sabem muito bem o que estão fazendo. Mas o que realmente importa é que, no frigir dos ovos, ninguém quer mudar nada; isso tudo é só pra justificar o *status quo*. Conservadores ou liberais, todos acreditam que a sociedade é fundamentalmente justa e que sua história é justificada, então, quando a gente chega e insinua que não é bem assim, todos eles saem na defensiva. Tipo, os conservadores dizem: vamos abrir uma temporada de *Show Boat*, é nosso patrimônio cultural, é um clássico, pelo amor de Deus![4] A gente diz: clássico uma ova. Racismo clássico, né? A clássica interpretação branca da escravidão, a clássica romantização branca de uma instituição brutal, a clássica fantasia

---
[4] *Show Boat* foi um musical estreado em 1927, baseado em livro de mesmo nome da escritora estadunidense Edna Ferber. Ao longo dos anos, as diversas montagens do espetáculo foram alvo de críticas devido ao conteúdo racial envolvendo estereótipos e linguagem considerada ofensiva, entre outros elementos. *O barco das ilusões*, versão cinematográfica dirigida por George Sidney, data de 1951. (N.T.)

heterossexual branca baseada na servidão negra. É "clássico", sei. Aí os liberais, que se fazem de oposição, dizem: bom, embora seja uma escolha infeliz, é censura *não* apresentar *Show Boat*. Tenho a impressão de que provavelmente nós infringimos o direito de propriedade de alguém quando nos rebelamos contra a escravidão. Tudo se resume à mesma coisa. Liberais ou conservadores, trata-se da clássica supremacia branca. É comum renegarmos obras do passado em busca de uma sociedade mais humana. Por que é tão difícil para as pessoas brancas abrir mão dessa obra? Com a ampla gama de produções possíveis para um centro de artes financiado com verba pública no bairro North York, que tem uma comunidade com grande população negra, que raios de psicose freudiana faz alguém escolher *Show Boat*? Eu respondo: a memória racial branca. A nostalgia, uma saudade profunda de um passado racista.

Bom, seria trabalhoso demais falar tudo isso. Então, vamos lá, quem pode falar por quem? Parte desse texto que estamos prestes a fazer já está escrito... o fato de eu ser uma mulher negra falando para um público majoritariamente branco é um elemento crucial do texto. A negritude e a "branquitude" estruturam e medeiam nossas interações – verbais, físicas, sensuais, políticas –, elas as medeiam de tal maneira que há coisas que vou dizer a vocês e outras que não vou. E é perfeitamente possível que as mais importantes sejam aquelas que eu decidir calar. As relações de poder racializadas em que vivemos determinam o que vou declarar e como vou abordar o meu discurso. Nossos posicionamentos relativos dentro da sociedade estão no centro dessas determinações. Noções de voz, representação, tema, estilo, imaginação são carregadas dessas disposições históricas e exigem um exame rigoroso em vez de pressupostos liberais de subjetividade universal ou da negação pura e simples de tais disposições. Mesmo que meu público aqui fosse composto de uma metade negra ou de três quartos de negros, mesmo que fosse totalmente negro ou composto de pessoas não brancas, a negritude e a "branquitude" – identidades raciais – ainda mediariam nossa conversa, embora em tais circunstâncias eu pudesse me tornar um pouco mais reveladora. Em tais circunstâncias, eu não perderia tanto tempo tentando convencer as pessoas brancas de que sua cultura "dominante", em primeiro lugar, existe; em segundo lugar, foi e é violentamente invasiva e hegemônica e organiza todas as outras com as quais ela se depara em categorias subordinadas. Ou seja, podemos, de pleno conhecimento dessas circunstâncias, ir além da ignorância branca, da negação branca, do medo branco, da apatia branca, das mentiras brancas, do poder branco disfarçado de preocupação com a censura. Quer dizer, os brancos podem prosseguir rumo ao perigoso território do saber, em vez de se engajar na artimanha que Michelle Wallace chama de "produção de conhecimento [que] é constantemente empregada no reforço do racismo intelectual."[5]

É muito, muito curioso que o Canadá só agora esteja enfrentando essa questão. É ainda mais curioso o fato de eu ter sido praticamente criada aqui, numa comunidade negra que lutou contra o imperialismo cultural nos anos 1960 e 1970 e que o Canadá branco tenha permanecido estranhamente imune a esse debate intelectual até agora. Esse fato apenas confirma a divergência de interesses das comunidades brancas e negras desse país.

Diz Michael Valpy no *The Globe and Mail*, 4 de maio de 1993:

> Há exatamente um ano, jovens brancos e negros invadiram a Yonge Street, em Toronto, quebrando vitrines, saqueando lojas e provocando o caos. Nunca saberemos exatamente o que desencadeou a confusão. De fato, o evento surgiu de uma manifestação antirracista, no início do dia, contra o caso Rodney King, em Los Angeles. No entanto, análises subsequentes (além da presença de uma boa quantidade de jovens brancos no que a mídia também rotulou instantaneamente de "agitação racial") sugere que o ocorrido teve mais a ver com insatisfação e algazarra juvenil – ponto-final – do que com insatisfação da juventude negra.

Nunca saberemos o que desencadeou a confusão. Valpy é provavelmente um dos colunistas mais liberais do *Globe*, então esse relato sobre o aniversário da insurreição na Yonge Street em 1992 tenta ser "imparcial" ao distribuir a "culpa" que os direitistas atribuíram a uma

---
5 Michelle Wallace, *Invisibility Blues*, Londres; Nova York: Verso, 1990, p. 153.

comunidade negra "patológica." Ele faz questão de mencionar que houve "quebradeira", "saques" e "caos" (o que garante à direita que ele não está pegando leve com a desordem), os quais, segundo ele, não deveriam ser tão "instantaneamente rotulados de 'agitação racial'" (o que garante à nação que o racismo não é um problema local). E por fim concluiu, num tom ainda mais tranquilizador, que tudo não passa de "insatisfação e algazarra juvenil", o que, é claro, todo mudo é capaz de compreender e assim voltar a dormir porque vai passar. *Nunca saberemos o que desencadeou a confusão.* Ah, a maravilhosa e deliberada dissimulação liberal!

Bom, eu estava lá, meu caro, e lhe garanto que aquilo foi agitação racial. Eu a senti na pele, a necessidade de derrubar qualquer manifestação de um sistema que mantém o pé em nosso pescoço, eu a vi no rosto dos jovens negros na rua, eu estava orgulhosa deles por se levantarem e mandarem o recado para esse país de que não aguentam mais, eu me senti frustrada como muitos dos ativistas mais velhos que estavam na rua; nós não tínhamos feito o suficiente para que eles não precisassem passar por aquilo. Não tínhamos conseguido acabar com o racismo; não tínhamos conseguido, em mais de uma década de tentativas, impedir as mortes de negros pela polícia e a brutalidade policial. Eles estavam tomando a rua. Tudo o que podíamos fazer era lhes dizer, e eles ouviam muitas vezes, que saques não são um ato político. Tudo o que podíamos fazer era lhes dizer para não serem presos pelo motivo errado, mas não podíamos nem era nossa intenção lhes pedir que esperassem e a justiça viria. Sim, havia jovens brancos na manifestação, alguns solidários, outros pela própria insatisfação com a polícia. É impressionante como os poderosos nunca esperam ou pensam que as pessoas sejam capazes de se solidarizar umas com as outras, nunca esperam ou pensam que as pessoas sejam capazes de enxergar semelhanças nas formas como certos grupos são tratados. E é um sinal da confiança no racismo eles nunca esperarem que pessoas brancas ajam contra os interesses da classe dominante branca. Então, caso isso aconteça, eles precisam encontrar outra explicação – insatisfação juvenil genérica, não um sinal de consciência política e solidariedade.

E "o que desencadeou" – santa inocência! O que Valpy omitiu inexplicavelmente foi a brutalidade policial que os negros enfrentam nesse país. De maneira inacreditável, ele omitiu que, cerca de uma semana antes da insurreição da Yonge Street, dois policiais acusados de matar um adolescente negro, Michael Wade Lawson, em Peel Region, foram inocentados. (Lawson foi baleado na parte detrás da cabeça.) Ele ainda omitiu que, dois dias após o veredito e a insurreição de Los Angeles, a polícia de Toronto atirou e matou outro homem negro, Raymond Lawrence. Ele não foi capaz de levar em conta dez anos de protestos contra espancamentos, assassinatos e disparos contra pessoas negras em Toronto. Ele não foi capaz de perceber os dez anos sem uma única condenação de um policial nem a imagem, em rede nacional, do policial branco absolvido no caso do assassinato de Lester Donaldson, com o charuto da vitória na boca, o triunfo e o desprezo pela população negra estampados no rosto, sorrindo para as câmeras.

Convidada para várias outras mesas sobre apropriação cultural, eu declino. Estou ocupada demais lutando pequenos combates. Minha colega e eu fomos puxadas e revistadas no aeroporto de Toronto ao voltar de uma apresentação em Trinidad. As outras pessoas sendo revistadas são iguaizinhas a nós. Toda passagem pela imigração é marcada pelo racismo, então eu odeio sair do país. Um mês depois, minha colega é obrigada a tirar as roupas durante a revista, na Rainbow Bridge. Compras na fronteira podem ser uma boa ideia para os brancos, mas é um risco transnacional para nós. Eles não acreditam que ela nasceu na Nova Escócia; todos os negros são imigrantes recém-chegados e sempre suspeitos. E estamos falando apenas das fronteiras. Dentro do perímetro, a coisa piora. Meu sobrinho está se fodendo na escola. Estou preocupada. Toda criança negra está se fodendo – elas são classificadas como alunos com problemas comportamentais ou com déficit de aprendizagem. Uma amiga somali quer saber o que fazer com seu filho. A professora diz que ele é um ladrão – ele rouba as oportunidades de outras crianças quando grita a resposta antes delas. Ele tem seis anos. Dentro do perímetro, a coisa fica perigosa. Certa noite, na Spadina Avenue, um grupo de *skinheads* persegue minha amiga coreana. Eu recomendo que ela não circule por lá à noite. Ela diz não seja ridícula. E ninguém liga. Minha ex-namorada é perseguida no vestiário feminino da ACM[6]. O grupo de mulheres que a persegue diz perversamente para ela tomar banho antes de entrar na piscina. Há milhares de nós na correria diária, consertando uma coisa aqui, se virando e engolindo um sapo ali – bom, a apropriação cultural não é uma prioridade.

Mas, falando em imperialismo cultural, e deixando todos os "pós" à parte, o pós-colonialismo e o pós-modernismo, sou grata por alguém me lembrar da lucidez de Amílcar Cabral. Em *Return to the Source* [Retorno às fontes], ele alegou:

> A história nos ensina que, em certas circunstâncias, é muito fácil para o [imperialista] impor sua dominação a um povo. Mas também nos ensina que, quaisquer que sejam os aspectos materiais dessa dominação, ela só pode ser mantida pela repressão permanente e organizada da vida cultural dos povos em questão. [...] Assim, entende-se que a dominação imperialista, ao negar o desenvolvimento histórico do povo dominado, necessariamente nega também seu desenvolvimento cultural [...] a dominação imperialista necessita da opressão cultural.[7]

Esse é o termo mais preciso: "imperialismo cultural" – "a repressão permanente e organizada da vida cultural dos povos em questão." Alguns anos atrás, fui coautora de um livro sobre racismo no Canadá, *Rivers Have Sources, Trees Have Roots* [Rios têm nascentes, árvores têm raízes]. Entrevistamos cem pessoas – indígenas, negras, sul-asiáticas e chinesas – sobre a forma como o racismo afetava a vida cotidiana. No livro, falamos de como a vida econômica do país é racialmente estratificada, e de como essa estratificação é mantida por uma ideologia racista que virou "senso comum." É dentro e através desse status de senso comum da ideologia racista que o imperialismo cultural e a apropriação cultural acontecem. Pressupostos de superioridade racial branca embasam a designação de cultura formal nesse país e a

---
6 Associação Cristã de Moços, organização sem fins lucrativos. Em inglês, Young Men's Christian Association (YMCA). (N.T.)
7 Amilcar Cabral, *Return to the Source*, Nova York: Monthly Review Press, 1973, p. 39.

distribuição de financiamentos públicos. A cultura é organizada em torno da "branquitude" através de vários órgãos "paraestatais", incluindo a CBC, a NFB, o Canada Council for the Arts[8], além dos conselhos provinciais e metropolitanos de artes da mídia privada e de instituições culturais e educacionais. A cultura formal já é estratificada por classe, gênero e sexualidade, organizada em torno do privilégio da masculinidade, da classe e da orientação heterossexual. No cinema, no rádio e na televisão, basta ouvir as vozes, observar os rostos, identificar a escolha dos temas e do ponto de vista para perceber. A pergunta é simples, quem está refletido ali? Esse mesmo "senso comum" em torno da ideologia racista questiona a produção de qualquer obra cultural de artistas negros e depois a descarta ou consagra – e com muito mais rejeição do que consagração. Essas obras são "alojadas" de acordo com sua relação e relevância para a forma cultural dominante. Os revisores sempre comentam a respeito da "raiva" em meu trabalho, por exemplo (tendo a raiva sido categorizada como uma emoção particularmente "negra"), e de como ele retrata a "experiência negra." A obra de brancos, por outro lado, nunca é questionada pelo modo como retrata a "experiência branca." Mas esse senso comum em torno da ideologia racista não é unidimensional ou monolítico. Você não precisa usar uma máscara branca para participar. Não precisa nem ser branco. Basta absorver o conhecimento com status de lugar-comum sobre raça e diferença racial produzido pelo colonialismo e pela escravidão negra. Esse conhecimento com ares de lugar-comum atua em todo o aparato de "construção de sentidos" da sociedade: jornais, instituições de ensino, produção de textos visuais e impressos. E, no reflexo do capitalismo *laissez-faire* que traz em sua base, ele sugere supostas variações de opinião dentro da ideologia política dominante. Se você ouvisse a forma como os debates são formulados, juraria que essas posições são radicalmente diferentes. Na verdade, não são. Forças liberais e conservadoras disputam o poder dentro da socieda-

---
[8] Corporação gestora das emissoras públicas de rádio e TV, a agência nacional de cinema e o conselho nacional de artes do Canadá, respectivamente. (N.T.)

de, ocupando e defendendo várias posições numa escala com vários níveis de senso comum em torno da ideologia racista, na qual a supremacia branca é uma constante. Enquanto a cultura formal canadense se parecer com o Balé Nacional e com a Sinfônica de Toronto, a supremacia branca se manterá atuante. A pele branca é o significante para oportunidade e privilégio socioeconômicos. A "branquitude" – o conjunto de essências e valores que reivindica superioridade racial – é o desdobramento filosófico daquela oportunidade e daquele privilégio. Assim, formas culturais europeias (pelo menos aquelas apropriadas pela classe alta branca – o balé, a sinfonia clássica europeia, a ópera clássica europeia) são os significantes para a "branquitude" como superioridade cultural, superioridade cultural esta que embasa uma noção de superioridade intelectual e evolutiva e que legitima a dominação branca como resultado lógico da Natureza. Por meio dessas formas, grupos de brancos que não têm nenhum papel na sua estruturação aderem a uma noção de "branquitude" associada à superioridade, mesmo que suas próprias vidas não estejam refletidas ali. Por diversas razões, a própria identidade nacional canadense é necessariamente baseada na "branquitude." Uma das principais razões é a necessidade de lidar com certo complexo de inferioridade em relação aos britânicos, os primos ricos valentões. O que distingue o Canadá de outras ex-colônias britânicas e de outros subordinados dos Estados Unidos da América é seu *status* como nação "branca." Brian Mulroney, ex-primeiro-ministro do Canadá, sempre repetia aquele papo de colonizador branco de "nós no mundo civilizado", e há ainda os eternos alertas na imprensa diária sobre o risco de o Canadá perder seu caráter "inglês" e "francês" para as massas de "imigrantes." Esses termos são eufemismos para branco e preto, claro e escuro. O fato de organizações como a Heritage Front ou a Nação Ariana[9] terem começado a recrutar jovens brancos do ensino médio em Toronto, as pichações com suásticas em sinagogas e cruzes sendo queimadas pela KKK no sudoeste de

---

9 Organização neonazista supremacista branca fundada por membros da extrema direita canadense em 1989 e encerrada em 2005 e grupo de ódio antissemita, neonazista e supremacista branco estadunidense fundado nos anos 1970, respectivamente. (N.T.)

Ontário: nada disso é anacronismo, são vozes raivosas de uma ideologia generalizada.

A cultura canadense não lida com o trabalho cultural de todos os povos não brancos que vivem aqui da mesma forma, é claro, daí as diferentes abordagens diante do efeito imperialista. As condições materiais dos grupos, a história de luta contra a opressão e as metáforas retóricas empregadas nessa luta e na vida cotidiana definiram suas estratégias. Enquanto determinada estratégia negra pode investir no acesso à publicação e à crítica, algumas estratégias de povos indígenas podem investir no próprio ato de falar. (O protesto da comunidade negra contra a exposição "Into the Heart of Africa" [No coração da África] no Museu Real de Ontário e o subsequente encerramento da exposição ilustram que essas estratégias não são mutuamente exclusivas para nenhum dos grupos.) Não há dúvida de que a cultura canadense saqueou a produção cultural indígena, para não falar dos mitos e das iconografias espirituais e da terra. O significado fundante do Canadá branco se baseou na conquista das terras indígenas, na fossilização da "espiritualidade nativa" e dos mitos e na glorificação da cultura conquistadora. O significado fundante é um novo mito de origem que não só subordina a cultura "nativa" mas também legitima a propriedade dos conquistadores. Esse significado fundante deve constantemente provar sua retidão e sua superioridade; os espólios das conquistas – o povo e sua cultura – se tornam artefatos dessa conquista. Portanto, não é nem um pouco surpreendente escritores brancos pensarem que tinham o "direito" de "recontar" ou de "usar" histórias, mitos etc. dos povos indígenas. Quaisquer que sejam as razões apresentadas para esse uso e essas novas versões, o significado fundante estará em seu centro. E não é de estranhar que os povos indígenas que contestam essa propriedade reivindiquem que ninguém além deles conte suas histórias, muito menos aqueles que se beneficiam da conquista colonial.

No rádio, o escritor trinitário-canadense Neil Bissoondath alega ter o direito de escrever na voz de uma mulher e na voz de uma pessoa negra, se quiser. Bem, é claro que ele tem "direito" – e "direito" pode nem ser a palavra correta aqui – ou seja, ele pode. Ninguém vai impedir sua mão de escrever, e, aqueles a quem ele acusa de querer impedi-la, certamente não tomam decisões editoriais neste país, então não há o que temer. No entanto, basta um olhar inteligente para ver que o que as pessoas estão dizendo é muito mais complexo do que ele admite. Há argumentos muito mais numerosos, diversos e incisivos no lado do debate que afirma que a apropriação cultural é um problema do que no lado que defende que ela não existe ou que a obra cultural, a obra literária ou a "imaginação" devem ser isentas de tais críticas. A apropriação cultural não é uma acusação, é uma categoria crítica. Ela examina a localização do texto, e do autor, no mundo em momentos históricos específicos: momentos que instigam a ideia de gênero, a racialização, a formação de classes, a criação do "outro"; momentos enraizados na conquista colonial, na escravidão e na exploração econômica. Investiga o posicionamento do autor dentro e fora do texto, e na interação do texto com o discurso colonial, com o discurso sexista e com o discurso racial. Desafia o anonimato do autor; questiona os "interesses" do autor no texto; argumenta que o autor não é "inocente" quanto às relações de raça, gênero, sexualidade e classe. E situa a produção do texto e a produção do autor em meio às práticas que dão origem ao gênero, à raça, à subordinação de classe e à subjugação colonial. Propõe que o imaginário, as imagens, a imaginação e a representação são profundamente ideológicos, na medida em que sugerem modos de pensar sobre as pessoas e o mundo. Essa crítica vai além da mera noção de representação "boa" e "má"; preocupa-se mais com a forma como vemos, encenamos e reencenamos, fazemos, definimos e redefinimos, concebemos o modo como vivemos no passado e de como iremos viver. Assim, Neil Bissoondath pode escrever na voz que quiser. O que sugiro, no entanto, é que tenhamos o direito de olhar para seus textos por meio dessa análise crítica. Talvez queiramos dizer que sua tentativa de escrever na voz de uma jovem japonesa deixa muito a desejar. A descrição da personagem não nos dá nenhuma indicação de sua vida interior, do modo como ela enxerga a própria vida ou seu corpo feminino, dado o conjunto particular de circunstâncias históricas, sociais, pessoais e emocionais sob as quais ela vivia. Bissoondath apenas revalida o mito da mulher "oriental" no discurso eurocêntrico. Ele se limita a traçar o estereótipo muito útil à dominação branca. Na história, a voz autoral é intrusiva e manipuladora, por isso é difícil avaliar a personagem em relação ao seu arbítrio ou à falta dele. O autor nunca examina o povo japonês no imaginário branco ou a mulher no imaginário masculino com o cuidado que deveria ter para que sua prosa se eleve para além do estereótipo normalizado e racializado. E, se eu disser que o jovem negro de Bissoondath em sua história "Guerrillas" apenas imita o velho estereótipo do cinema estadunidense e a representação hegeliana do africano "desajeitado", "ignorante", "primitivo", que sua história assinala a inferioridade racial como uma característica da negritude e assinala a negritude como inferioridade intelectual e zomba do grande Movimento dos Direitos Civis dos anos 1960 como se fosse inepto e equivocado – se eu disser tudo isso, o que nem esgota o que eu poderia dizer a respeito da voz feminina de Bissoondath e de sua voz negra, as quais, portanto, não são exatamente suas vozes, mas suas através da tela eurocêntrica do discurso racista e sexista – posso também dizer que ele mesmo não se ajuda em nada aqui, porque esses discursos se infiltram em lugares, em cantos onde ele, também, vive em seu eu "racializado."

O que me leva a falar do papel de Neil Bissoondath no debate canadense sobre apropriação cultural. É interessante que ele tenha se manifestado tantas vezes contestando a noção de que a voz pode ser apropriada. Isso chama atenção justamente porque ele é uma pessoa não branca e porque aqueles que postulam a apropriação cultural como uma crítica da literatura canadense são pessoas não brancas. Seu testemunho é mais importante do que o testemunho de qualquer escritor branco sobre o assunto porque supostamente não podemos afirmar que suas opiniões são tendenciosas por causa de seu alinhamento racial. Supomos que ele conheça a história colonial, o racismo e assim por diante, assim como seu público, o que torna sua discordância supostamente ainda mais potente. E vem justamente daí seu prestígio entre aqueles que estão no outro lado do debate, em grande parte brancos e com interesses próprios na representação colonial de raça. Ao produzir um Neil Bissoondath para denunciar a crítica da apropriação cultural, o *establishment* cultural branco produz um rosto negro para descartar e desacreditar todos os outros rostos negros e, ao mesmo tempo, confirmar e reforçar aquela representação colonial tão essencial à dominação racial.

Num júri do Governor General's Award[10] de poesia, eu preencho dois dos espaços destinados aos "marginalizados." Sou mulher e sou negra. Um imenso volume de crítica, pressão e oposição por parte dessas comunidades nos últimos dez anos tornou possível a minha presença. Meus parceiros do júri são dois homens brancos de meia-idade ou mais. Ocupamos posições nitidamente opostas em termos de experiência e opinião. Em nossas seleções iniciais, eu discordo mais deles do que eles entre si. Pergunto sobre as regras de tomada de decisão. A resposta da presidência da premiação, ainda que cheia de convicção ou retidão, não deixa de ser vaga, algo como "chegar a um consenso." Eu replico que gostaria de votar, que tenho certeza de que não haverá consenso algum e que quero que minha oposição seja registrada. Não quero ser arrastada pelas opiniões desses dois homens brancos e me afogar nos muitos "Claro, Bill" e "Concordo contigo, Bob", ao final dos quais emergirá a velha visão eurocêntrica e legitimadora de sempre. Quero abordar a negritude e a "branquitude", não passar por cima dessas questões. A sala fica tensa à medida que eu explico que quero deixar claro desde o início que dificilmente chegaremos a um consenso. Ah, não, não, não, um deles me garante, já concordamos em algumas coisas, e eu fiquei fascinado com suas outras escolhas, talvez a gente possa tirar proveito de um debate mais intenso. Acho isso precioso. Insisto que não temos base para consenso, que reconhecemos nossas diferenças – raça, gênero, classe, idade, sexualidades – e prossigo afirmando que não precisamos de homogeneidade para a tomada de decisões. Um deles se torna benevolente e paternalista, o outro se irrita. Vejo minha "inclusão" nesse júri e em outros não como uma tarefa de assimilação de valores eurocêntricos, mas como contestação desses mesmos valores e ampliação

---

10 Premiação anual concedida pelo governo canadense a obras de destaque em diversas áreas artísticas, acadêmicas e sociais. (N.T.)

dos conjuntos de formas culturais que passam a representar a cultura canadense. Trago para um júri outra definição do significado da poesia na vida cotidiana. Minha tradição diz que seu discurso deve ser relevante, comprometido, politicamente consciente, memorável. Deve almejar a liberdade humana. A assimilação, no entanto, é o modo como aqueles que estão no poder traduzem reivindicações oposicionistas, então é provável que meus colegas jurados estejam aborrecidos com minha ingratidão. Eu irrito ainda mais as pessoas questionando se um prêmio deve ser concedido de qualquer jeito, afinal o melhor livro do ano pode nem ser um bom livro. Pergunto: não devemos encarar nossas seleções como uma perspectiva para uma nova poética canadense? Bom, é claro que o dia foi horroroso e que eu saí com dor de cabeça e com o corpo todo dolorido, porque... ninguém quer dizer a ninguém o que escrever, só nos interessa a qualidade do trabalho, e qualidade é um tipo de essência, impossível de delimitar, como a imaginação, mas que é identificável, não tem nada a ver com o que é dito, mas o que é dito não deve soar estridente.

"A cultura", diz Cabral,

> está sempre na vida de uma sociedade (aberta ou fechada), resultado mais ou menos consciente das atividades econômicas e políticas dessa sociedade, a expressão mais ou menos dinâmica dos tipos de relações que prevalecem nessa sociedade [...].[11]

Chamo a atenção aqui apenas para o discurso dominante sobre cultura no Canadá. Sua resposta às críticas de pessoas não brancas, mulheres, lésbicas, gays e progressistas tem sido tentar assimilar algumas dessas vozes no discurso, sem desbancá-lo de modo relevante. No entanto, existem possibilidades mais vibrantes na multiplicidade de vozes que estão emergindo neste país. Essas vozes veem a imaginação como força transformadora que aponta o caminho para sair do pessimismo do discurso colonial que cria narrativas...

---
11 Ibid., p. 41.

IMAGINAÇÃO, REPRESENTAÇÃO E CULTURA

Wilson Harris, o romancista guianense, escreve:

> tal noção como o tecido da imaginação implica numa [...] força que imbui a psique humana de raízes extensas e flexíveis, cravadas em todas as criaturas, em todos os elementos, em todos os mundos e constelações, em todas as ciências, em todos os espaços suscetíveis de visualização. [...] Lamentavelmente, fomos condicionados a congelar uma gênese tão inspiradora e maravilhosa da imaginação numa obsessão pelo arquétipo vinculatório e homogêneo. A homogeneidade cultural [...] extrapola [...] uma aprovação imutável de identidade. Assim, as culturas ditas puras tendem a temer ou a desprezar o que é misturado ou aparentemente impuro.[1]

"Os conceitos de identidade invariável", diz Harris, são as armas do opressor e, numa "tautologia do poder", também do oprimido.

> Há algum conforto nisso para aqueles que comandam os destinos da raça humana [...] e nenhum conforto para aqueles que mergulham em si mesmos e procuram romper com um estado de espírito de via única – que procuram perceber que cada janela de imutabilidade que uma cultura volta a construir traz de volta ao foco a participação de uma humanidade falível.[2]

Harris nos situa no centro da questão, ligando a imaginação à cultura e ao poder, ao defender a rejeição da homogeneidade cultural em favor do "potencial reformador de imagens e textos." Permitam-me dizer que Harris não defende a perspectiva clássica da imaginação como uma espécie de mercado em que uma inteligência superior vagueia avaliando formas "inferiores" de cultura, experimenta seus produtos, solicita as correções necessárias ou tece comentários sobre sua estranheza, admira sua arte mesmo que primitiva, apropria-se do que julga útil e segue em direção ao próximo bazar, confiante da própria superioridade. Pelo contrário, ele propõe uma perspectiva muito mais autoanalítica, muito mais vulnerável. Ouso afirmar, uma postura

---
[1] Wilson Harris, "The Fabric of the Imagination", in *Third World Quarterly*, vol. 12, nº 1, jan 1990, p. 175.
[2] Op. cit.

"pós-colonial" no verdadeiro sentido histórico da palavra. Harris está no meio da "grande paisagem eviscerada" do novo mundo e convoca na imaginação a memória ancestral heterogênea. Ele repovoa a história com perspectivas, tanto enterradas quanto novas, diversas daquelas das culturas dominantes.

No Canadá, mas não só, as noções de imaginação, representação e cultura surgem de seus hieróglifos como elementos carregados de sentido, terreno contestado. Tanto de quem somos, de como nos vemos e do que vivenciamos está contido nesses conceitos que eles são explosivos por natureza. A ideia desses conceitos como espaços óbvios e incontestáveis, espaços sem escolha ou julgamento, espaços de alguma forma isentos de tudo o que vivemos ou desejamos viver, isentos de nossas lutas materiais – a ideia de que esses espaços são, de um modo autoexplicativo, honestos ou morais, sem preconceitos ou fracassos, espaços pré-sancionados, santificados e irrefutáveis – essa ideia não é nada confiável. Em vez disso, são lugares de guerras, supremacias, terrenos de contestação, estratégia hegemônica. Mas alguns de nós, que somos artistas, escritores, confiamos que eles também podem ser lugares de completa falibilidade, de buscas por clareza ou complexidade, lugares eternamente inacabados se tivermos sorte, lugares com a incômoda certeza da incerteza, lugares de tratativas com outras consciências, histórias, desejos, descrições, interpretações, visões e antevisões.

O Canadá não é (e nunca pode alegar ser) uma cultura homogênea. Nunca foi assim (nem mesmo antes dos imigrantes recém-chegados, que de vez em quando são acusados de bagunçar as coisas); nunca foi assim, apesar das exortações do poder estatal formuladas em grande parte pelos ingleses e franceses para que assim fosse. Essa mesma formulação ilustra as batalhas culturais travadas. Mesmo as que se autodenominam nações fundadoras contestam continuamente tal homogeneidade a ponto de fazerem ameaças de secessão. Se há algum elemento homogêneo, é a angústia coletiva em torno da existência ou não de uma identidade canadense. E isso é curioso pelo que diz sobre posicionamentos na sociedade. Talvez essa identidade seja a expressão saudável do "des-conforto" com as relações de poder, com a forma como o "nós" se desfaz se realmente pensarmos nisso, com a forma como o "nós" se tornou "nós". Angústia à parte, no entanto, há uma identidade canadense oficial em funcionamento. Que funciona tanto para excluir quanto para definir. Por ora, vou tratar apenas de uma exclusão. Ela exclui e distancia os imigrantes, independentemente do tempo de cidadania, seja pela raça, seja pela língua, e sugere que eles passem por uma espécie de triagem da "identidade canadense" o tempo todo. Essa triagem envolve o intrincado truque mental de esquecer o que chamam de "o passado deles", apesar do fato de que esse passado é o presente. O migrante é o único sujeito no mundo cujo passado está a um voo de dez horas de distância. E isso pode ser interessante para alguns, mas não passa de uma incrível fantasia de negação mental para outros. Ao chegarem aos aeroportos de Pearson ou Dorval,[3] seus países de origem se tornam passado. E esse passado é circunscrito a um passado atormentado e rejeitado, sejam quais forem as razões para a migração. Toda imigração é vista como uma fuga de um passado/lugar horrível e uma grata chegada a um presente/lugar impoluto. Assim, quando se recebem os documentos imaculados de sua moralidade-não-do-lugar-de-onde-você-veio-mas-melhor, o Canadá se apresenta como um lugar sedutor e sem história, pelo menos sem uma história igualmente hostil, mesmo que depois a pessoa seja levada a ver que não é nada disso. Espera-se que o sujeito se esvazie do passado/lugar e se preencha com o presente/lugar – a "identidade canadense." E, embora essa perspectiva possa ser conveniente para alguns de nós, que fogem de alguma crise doméstica pessoal – dinheiro, trabalho, mágoa ou desconforto, culpa, ganância, interesse próprio ou, às vezes, conflitos políticos aterrorizantes –, não estamos no controle de tudo isso e chegamos cheios de nós mesmos – de quem fomos, somos e nos tornaremos. Podemos desejar a dádiva do esquecimento, porque estamos aterrorizados ou descontentes, mas

---
[3] Hoje, aeroporto internacional Pierre Elliot Trudeau. (N.E.)

lá estamos – todos nós com malas e porta-malas estourando, nossas memórias, histórias, nossa grandiosidade, mesquinhez, senso de dor, senso de justiça, o amor por mangas ou tamarindos, creme de leite ou carne defumada, bacalhau ou pimentas, as manchas de gordura em caixas amarradas com barbante, o cheiro de algum outro lugar emanando das roupas, as fotos embrulhadas em jornal, e as promessas, as mentiras, as já falsas verdades de enviar dinheiro ou de mandar buscar alguém. Somos cheios de atos ritualísticos ou mundanos, desejos e ódios, e nem todos necessariamente direcionados em específico a nossos lugares de origem, e, sim, alguns em especial, mas não com exclusividade. O esvaziamento que essa noção de "identidade canadense" ou de arquétipo cultural exige não só é impossível como me parece indesejável e desnecessário, porque torna a sociedade em que entramos também esvaziada da criatividade, dos conhecimentos, das imaginações, dos sonhos e das experiências de vida que valorizam os seres humanos. Impossível, porque perder memória é perder a âncora, perder exemplos de vida, sensações, ideias. A menos que essas narrativas se juntem a outras narrativas, não num ato de deslocamento, mas como parte da coletividade.

E há aquilo com o qual substituímos toda essa perda – essa ideia de identidade canadense, que tem suas permutas e suas cláusulas. Parece-me que a ideia elaborada para os imigrantes prescreve o silêncio como discurso porque a imigração é impulsionada por necessidades de mão de obra (e é possível averiguar isso em vários acordos de imigração), uma força de trabalho que não é necessária como parte do discurso nacional, mas como parte estritamente vinculada ao trabalho. Então, essa perda é substituída, efetivamente, pelo trabalho. A forma como essa ideia é formulada mesmo para aqueles que se encaixam em todos os seus critérios também é fascinante, contestada em relação a regiões e à ancestralidade de regiões, de Terra Nova a British Columbia;[4] ela é marcada por uma ausência singular que atinge

---
4 Províncias do Canadá. (N.T.)

seu próprio centro – ou seja, os povos que antecedem os ingleses e os franceses. (Sem omitir os africanos, que chegaram simultaneamente como escravizados ou aliados relutantes dos europeus.) Essa presença ausente está no cerne da identidade canadense, todo um conjunto de pessoas relegadas a um passado presente. Um esvaziamento do passado, tanto físico quanto mental, parece ser crucial para o conceito.

Divagando um pouco, há uma maneira pela qual esse país é dividido não apenas em províncias mas também em tempo. Um modo pelo qual tudo o que não emana de seu centro industrial e populoso se configura como antigo ou no passado, como se o tempo se deslocasse do centro para a periferia, do presente para o passado, tanto quanto o tempo se desloca de Toronto para Nova Iorque como se se deslocasse do presente para o futuro. Como numa imitação dos fusos horários, entra-se na noite quando se voa para o leste. Voa-se para o passado, como sugere o voo noite adentro, assim como voar em direção à luz do dia dá a sensação de se voar rumo ao futuro. Mas talvez essa seja apenas uma metáfora útil para esse artigo, uma vez que eu também já encarei a noite como um voo para o amanhã, que é o que de fato acontece quando se voa para o leste. Digamos apenas que esse país tenha seus próprios ritmos distorcidos para o que aconteceu aqui e para quem vive aqui, então voar para o oeste é voar para o que ainda não aconteceu, e voar para o leste é voar para o que aconteceu antes. Pelo menos para quem vive no meio disso tudo. E para quem tem vivido no meio disso tudo ao longo dos últimos 27 anos, apenas. Alguém que tanto faz parte quanto é afastada disso e que se sente ao mesmo tempo alarmada com os resultados sociais desses padrões e intrigada diante da persistência deles na mentalidade da cultura. Os povos indígenas estão localizados na cultura como se fizessem parte do passado e são tratados como intrusos incômodos e indesejáveis no presente.

Distribuídos pela cultura e pelo imaginário canadense estão outros arquétipos; essa imaginação contém os indígenas perigosos, ameaçadores, inúteis, selvagens ou bêbados, indígenas com mágoas antigas e incompreensíveis que não têm qualquer direito à terra, mas cuja existência é tolerada; contém os negros, que são imigrantes queixosos, servos inferiores, sem razão de reclamar porque não se trata dos Estados Unidos, não há que se falar em escravidão, jovens violentos; contém os chineses, que ajudaram a construir as ferrovias, mas permaneceram estrangeiros, e alguns recém-chegados, que querem comprar todos os bairros bons de British Columbia e integram tríades[5]; contém pessoas de origem inglesa (dois tipos – um central, moderno, erudito, inteligente, guardião da cultura; e outro, uma gente simplória, geralmente do leste, eternamente pobres, por que não se muda, é uma gente esquisita, quase sempre estúpida e dependente); contém italianos, operários e mafiosos; franceses, um incômodo, querem tudo; podemos continuar, a lista é longa. Judeus, portugueses, sul-asiáticos, todos com seus estereótipos particulares, e então há a vastidão selvagem, a cerveja, o hóquei, o Norte. Essas noções estão inseridas no imaginário canadense e operam mais ou menos na organização de nossa vida material. Noções contraditórias também habitam esse imaginário, noções de social-democracia, bem-estar social, justiça, igualdade social, elas também o moldam, fazendo conciliações e regulando os antigos estereótipos culturais. O orgulho, no entanto, de ser diferente do pária ao sul ofusca os desafios na destruição dos estereótipos e, na verdade, acaba ressaltando-os. (Nada que façamos pode ser tão ruim.)

O que poderíamos entender por cultura hoje quando os governos dos Estados-nação se revelam meros gestores de interesses corporativos? A ideia de que os Estados-nação são, de alguma forma, manifestações da vontade comum ou das melhores intenções de seus habitantes e de que os governos dos Estados-nação são os guardiões do bem-estar social está se mostrando uma imensa e perigosa fraude. Se podemos dizer que existe uma cultura canadense, temos de dizer que ela se revela no processo pelo qual o país foi criado como Estado-nação, por meio de conquistas, conflitos interimperialistas, formações e imperativos capitalistas, com uma fronteira física com e contra uma

---

[5] Organizações criminosas surgidas na China com ramificações na diáspora chinesa. (N.T.)

potência imperialista, ondas de imigração marcadas por determinações raciais e pela necessidade de força laboral, diferenças e disparidades regionais, preocupações étnicas e movimentos de justiça social. Se podemos invocar uma cultura, temos de olhar para o modo como todas essas interações se converteram (na curta história desse Estado-nação) numa voz dominante que alega falar por todos. Uma voz dominante que não precisa, é claro, ter todo o nosso consentimento – nosso silêncio ou nossa voz reprimida é suficiente.

Não sou totalmente resistente à ideia de uma "identidade canadense." Sou resistente ao particular processo criador de mitos do Estado-nação canadense. Sou resistente à ideia de que a coletividade é um negócio fechado, um casaco pronto para ser vestido, uma coisa morta, uma língua falada apenas por certos eleitos ou por uma boca, uma coisa à qual nada pode ser acrescentado, que não pode ser reavaliada, contestada, criticada, transformada. E sou resistente à noção de que ela é de alguma forma pura e superior.

Somos chamados a aderir às identidades inglesa e francesa no Canadá, em vez de aderir a algum rastreamento verdadeiro da composição dos habitantes do país, e somos chamados a fazê-lo com base no pressuposto de que aqueles que nos pedem têm esse direito por serem nossos superiores culturais, pois por que, afinal, estaríamos no Canadá se o lugar de onde somos não fosse inferior, tanto social quanto culturalmente. Essa é a cultura à qual sou resistente, e percebo, pelo contrário, um devir. No bonde da College Street ou da Dundas Street, ouço o som de vozes mudando de timbre, sibilações, assonâncias, cadências, soprosidade, enfim línguas, à medida que o bonde atravessa a cidade da Roncesvalles Avenue à Main Street e além – do inglês arrastado ao ucraniano, alemão, crioulo antilhano, tâmil, italiano, português, africano da Nova Escócia, inglês da Nova Escócia, cantonês, vietnamita, o silêncio corporativo e clínico na University Avenue, cantonês novamente, o dialeto da Yonge Street, que é uma salada gloriosa de todas essas línguas, o crioulo antilhano do Regent Park, escocês, vietnamita, o inglês da classe trabalhadora, ou seriam imigrantes brancos de terceira geração, punjabi, urdu e enfim a descida na Main Street. E à noite, voltando de metrô, vindo para o oeste da cidade, primeiro há uns punks anglófonos gritando uns com os outros "Foda, cara, foda!", depois, esvaziando um ônibus da Don Mills Road, uns punks negros gritando uns com os outros, "Ei, seu Trini, não fode comigo. É, é, cara. Seu mala!" e há umas italianas e portuguesas "querida, querida, querida" e uma gargalhada, elas embarcam na Yonge Street, acabaram de faxinar os escritórios, e há uma enfermeira negra e uma filipina vindas da Wellesley Street ou do Mount Sinai Hospital, e a silenciosa University Avenue, em seguida uns estudantes, todos jovens, de todas as raças diferentes, parecendo preocupados ou dopados de pílulas de cafeína, vindos da biblioteca Robarts, e então mulheres negras, homens chineses, jovens portuguesas, batom preto, daí Spadina Avenue Bathurst Street Christie Street, mais batom preto, roupa preta, roupa folgada, todas as raças, alunos do ensino médio se espremendo na porta quando ela se fecha. Na altura da Lansdowne Avenue, os italianos e portugueses já se foram, um casal drogado hesita e acaba não pegando o trem, na Jane a maioria dos africanos e filipinos já se foram, exceto aqueles a caminho de Islington para pegar uma carona para as cidades de Mississauga ou Brampton... e por aí vai, nem tudo que possa se ver e ouvir. Sou resistente à ideia de uma monocultura para isso. E para esses sons e esse movimento do trem e dos corpos gesticulando uns para os outros. Essas pessoas estão fazendo alguma coisa. A obrigação dessas pessoas não pode se limitar a esquecer de onde vieram, a se censurar, a não reclamar quando forem maltratadas porque deveriam agradecer por estar aqui. Eu questiono a noção de que tudo o que elas estão fazendo é remoer velhas mágoas, petrificar velhos hábitos e tentar impor seus pontos de vista a uma paisagem alheia. Talvez elas estejam fazendo isso, mas não só. Porque a compulsão do imediato eclipsa tudo isso; as gerações contestam e as esperanças moldam tudo isso. Sim, estamos angustiados, tateando aqui e ali, sentindo falta de alguma colina ou de uma bicicleta quebrada e odiamos o frio, reclamamos e dizemos que depois de cinquenta anos isso nunca aconteceria no lugar de onde viemos, embora tenhamos partido aos dez anos, mas o ser humano tem dessas coisas, lamento informar. Essas pessoas são aquelas (pela própria presença nesse país) para quem a mudança não é temerária – elas atravessaram milhares de quilômetros e de sensibilidades, só esse gesto já as transformou, já é uma marca da vontade total de reconhecer, quiçá acolher, o mutável, de se lançar em outras experiências. E esse salto, essa fé em pousar em outras geografias e experiências de vida, é seu presente crucial para a cultura. Elas não chegam vazias, embora cheguem com certa liberdade; nem entram numa paisagem vazia, num lugar sem história. A questão realmente é: como as pessoas nesse país expressam sua coletividade fora da dinâmica de uma voz dominante (que acaba de alguma forma sendo a expressão daqueles que estão no poder) e de vozes subordinadas (que só são permitidas a certos momentos de expressão e certos tipos de expressão)? A questão não é como doutrinar as pessoas na cultura dominante, mas: são essas as únicas formas de expressão?

Acredito, como disse Wilson Harris, que as pessoas têm dentro de si camadas e camadas de experiências, memórias constituídas por épocas passadas, antepassados perdidos; que nosso conhecimento habita saberes passados e futuros, e que temos de nos perguntar como explorá-los a fim de abrir caminho em nossa coletividade. Essas memórias e saberes existem na história, é claro; não são objetos a-históricos, relativos e neutros. Portanto, estamos necessariamente conscientes de que vivemos num país, num continente, num hemisfério, marcado pelo genocídio racial, migrações em massa, escravidão, trabalho forçado, guerras, mas também por grandes insurreições e enormes esperanças. De Toussaint e Bolívar a Malcolm X, Rigoberta Menchu e Oka, todos os movimentos e insurreições nesse ínterim, em que as pessoas nesse hemisfério lutam pelo controle de suas vidas diárias.

Dentro do contexto de nossos Estados agora administrados por corporações, a ideia de uma cultura homogênea no Canadá hoje em dia me parece não apenas um beco sem saída (em sua interpretação mais ingênua) mas também uma estratégia hegemônica do capital para produzir uma identidade "pura" a ser preenchida com commodities e inflada para defender a ameaça econômica de outros Estados administrados por corporações. Não estou sugerindo que a cultura dominante seja pura fraude, pura mentira. Penso que expressões genuínas de experiências, pontos de vista, são destilados por práticas estatais para as quais uma única visão da história pode ser mais conveniente e benéfica do que muitas visões.

Então, o que faríamos, o que criaríamos, para usar a frase de Adrienne Rich em *What Is Found There*[6] [O que se encontra lá]? O que criaríamos como expressão, mais realista e respeitosa com a vida, de nossa coletividade? Talvez pegar o bonde da faculdade; talvez isso seja uma admissão da nossa história, uma admissão da nossa coletividade; talvez sejam muitas histórias, e não apenas uma, dominante.

---

[6] *What is Found There: Notbooks on Poetry and Politics*, Nova York: W. W. Norton & Company, 1993. (N.E.)

JAZZ

Na América do Norte, o jazz habita a pele da cultura, sempre presente e profundamente ressonante. Mesmo que nos Estados Unidos os afro-americanos se tornem cada vez mais marginalizados politicamente, o jazz e outras formas culturais afro-americanas se fundem à pele da cultura estadunidense e ocidental como uma marca indistinguível. É curioso como a cultura afro-americana permeia a vida de pessoas de todas as origens na América do Norte e no Ocidente. Projetado através dos meios de comunicação de massa, mas suspeito que também impulsionado por um reconhecimento comunitário declarado e não declarado de lugar, esse fascínio abrange não apenas a música – do jazz, blues, *rhythm and blues* ao hip-hop – mas também a linguagem – expressões, sotaques e cadências – e a fisicalidade – movimento corporal, jeito de andar, penteados e moda. Eu desconfio que haja um reconhecimento solidário da história e da política da condição afro-americana, por parte de alguns; a percepção da existência de forasteiros inseridos na comunidade, por parte de outros; e por parte de outros, ainda, o investimento de todas as emoções, crenças, medos pessoais e comunitários sobressalentes neste que é o mais simbolizado e abusado dos corpos – como Toni Morrison discutiu tão eloquentemente em *Playing in the Dark*[1] [Brincando no escuro]. E voltamos à genialidade subjetiva e absolutamente senhora de si das formas culturais afro-americanas ao empregarem essa genialidade para além de si mesmas. Acredito que as condições que moldam esse quadro não são apenas externas mas também internas, que o virtuosismo é o resultado dessas pressões e que a inundação da cultura ocidental por esse virtuosismo não acontece apenas por causa dos meios de comunicação de massa e da comercialização (que de fato ocorre) mas também por reconhecimento e identificação. Decerto, os meios de comunicação de massa determinam quais são as mais inofensivas e as mais perigosas dessas formas culturais, e direcionam a atenção para

---
1 *Playing in the Dark: Whiteness and the Literary Imagination*, Nova York: Vintage Books, 2014.

elas; os meios de comunicação de massa determinam quais desses artistas comem e quais não comem, além de quanto comem, e podem alterar o status de perigoso para inofensivo e vice-versa. Todo estilo musical, do blues ao hip-hop, passou por essas mudanças. Essas formas culturais sempre circulam dentro da cultura popular não apenas como construtos sociais ou estéticos nos mesmos moldes, digamos, da música clássica europeia mas também como construtos políticos. Elas também exploram as brechas dessas técnicas de gestão e escoam para dentro da cultura por meio da astúcia, do desejo, da apropriação, dos encantos ou da capacidade de articulação precisa de um determinado momento social; dependendo da necessidade imediata, seu apego ao símbolo do corpo afro-americano é ressaltado ou ofuscado; em todas essas complexidades, a cultura afro-americana e o jazz permanecem na pele da cultura estadunidense. Quem não é capaz de reconhecer a trágica voz de Billie Holiday, a cadência leve e impassível de Ella Fitzgerald, a voz sedosa e melosa de Dinah Washington, a elegância e os floreios de Duke Ellington, as maravilhosas notas agudas e breves de Miles, o clarim atrevido de Louis Armstrong ou o piano vigoroso e intenso de Mary Lou Williams? Quem não percebe a intimidade e a interação dos músicos de jazz? Quem não é capaz de relacioná-las ao modo como a vida é vivida no novo mundo? Mesmo aqueles incapazes de nomear seus interlocutores, seus proseadores mais famosos, não apenas reconhecem nesse som a assombração da cultura americana por aqueles que ela desempossa mas também o ouvem em meio à própria privação, em suas vidas inacabadas e em suas possibilidades de alegria num futuro eternamente em aberto. No entanto, ele é mais do que privação, é algo feito de absolutamente nada, algo criado na cabeça e possuído pela mente; um conjunto de cálculos intelectuais, arranjos incontestáveis, decisões; um construto de encantamentos, proposições e sugestões, respostas e apelos à cultura que ele habita e constrói ao mesmo tempo, na qual "criação e performance são simultâneas." Quando digo quem não é capaz de reconhecê-lo, quero dizer quem não é capaz de reconhecê-lo nesses termos, e me refiro a quem confunde sua origem, como se ele tivesse vindo de outro lugar, de algum outro momento da história, ou a quem o considera irrelevante. Assim como a improvisação é central para sua execução, também é essencial para sua recepção, e o jazz tem aquela qualidade de sempre estar pronto e sempre estar aberto mesmo quando atinge a perfeição de uma nota ou de uma frase. É claro que a disseminação na cultura traz seus dilemas. Hoje em dia, acho que o jazz é muitas vezes manipulado como o ícone mais passivo e aceitável da cultura afro-americana, em oposição a outra forma de música que é posta como a mais agressiva e demoníaca – o rap. E muitas vezes o jazz popularizado não inclui os fragmentos mais inovadores, mas as obras mais praticadas – aquelas peças que, através da repetição na cultura dominante, passam a se enquadrar em categorias estabelecidas por formas de música fora de sua órbita – curiosamente isso é feito através de repetição constante e não de uma reforma estrutural. Assim, uma peça de Miles ou Armstrong é apreciada pela familiaridade, não pela improvisação. Fanon disse, certa vez, que o que uma cultura dominante gosta na classe dominada é a repetição de suas velhas formas culturais, como relíquia e butim, não de suas novas proposições, as quais podem desafiar a ordem dos arranjos sociais. É claro que essa América do Norte não produziu nenhuma outra música tão influente e dominante quanto a música afro-americana, então deve-se fazer o possível para afastar seus desafios à ordem social.

    Enquanto escrevo este ensaio, estou ouvindo "Morningside" na CBC e, após uma reportagem do Quebec, começa a tocar uma peça de jazz – e eis o modo como se entra na vida do piano, respirando, aceitando a ironia, o cinismo, ele dizendo tudo bem, é isso aí, a vida é assim, a declaração dos trompetes, a resposta do piano "é isso aí." A música termina, Gzowski[1] passa a falar de um drama envolvendo o escândalo do sangue contaminado.[2] É manhã de quarta-feira. Na manhã da quinta, a mesma coisa, dessa vez alguém cantando "Once I Had a Secret Love", e ele volta a falar do drama do escândalo de sangue. Esse parêntese aber-

---
1 Radialista canadense conhecido como Capitão Canadá (1934-2002). (N.T.)
2 Crise de saúde pública ocorrida no Canadá, nos anos 1980, depois que milhares de pessoas foram contaminadas com hepatite C e HIV ao receber transfusões de sangue contaminado. (N.T.)

to de jazz para conferir à história um tom de luto, a sensação de erro. Não acho que nada disso seja deliberado, mas alguém falou vamos tocar uma peça de jazz aqui e as pessoas concordaram – uma deliberação visceral sobre a relação entre eles – o jazz e o drama moderno do erro, da injustiça incomensurável. As origens do jazz lembradas e absorvidas. E eu percebo isso em outros espaços da cultura, elevadores, programas de televisão, tardes de verão, o modo como todo tipo de gente passou a encarar a própria vida como um percurso e a entendê-la como a música que ela produz. E eu só percebo certa incongruência, ou muito mais pessoal do que isso, ingratidão, quando algo ruim acontece – essa sou eu com minhas conclusões precipitadas, apropriações e absorções, metamorfoseando-me numa coletividade afro-americana – quando algo ruim acontece, eu dizia, ou seja, Just Desserts[3], a caça a um criminoso negro com quem não tenho nenhuma conexão pessoal mas que reconheço graças a uma espécie de responsabilidade e justificativa invasivas, momento no qual ele ou ela e eu nos fundimos num símbolo do mal – algo muito desproporcional ao assalto a banco ou à minha escrita ou ao assassinato em particular, todos os quais talvez precisem ser contidos, mas que em vez disso foram elevados a um status de símbolo religioso. Então, nessas horas eu digo: E o jazz. E eu me lembro dias, meses e anos depois; então quando o parêntese se abre, quando o espaço da cultura distraidamente executa Byrd, eu tranco os dentes. Sinto que algo resta esquecido, que alguma coisa não é admitida – como as origens, para que servia. Quando o produtor teatral Garth Drabinsky traz os Five Blind Boys of Alabama e o Harlem Boys' Choir e coloca Diahann Carroll[4] para interpretar Norma Desmond, eu digo quem ele está tentando enganar? (Mesmo assim, eu realmente fui ver os Five Blind Boys, então acho que ele me pegou.) E, veja bem, eu acho que a América do Norte recebeu essa dádiva do jazz, do blues, de toda a gama da cultura afro-americana, sem reservas, de pessoas muito genuínas e generosas,

---
3 Cafeteria em Toronto, ver p. 64. (N.E.)
4 Diahann Carroll (1935-2019), atriz negra estadunidense que interpretou a protagonista de *Sunset Boulevard* na montagem produzida por Garth Drabinsky. (N.E.)

gente muito benevolente e amável, e acho que a dádiva da improvisação é um convite aberto para se juntar e encontrar soluções, uma proposta de unidade e união, mas sinto que essa proposta não foi levada a sério, apreciada ou retribuída.

Mas deixem-me falar de minhas apropriações e percepções no jazz. Estamos em 1962 e estou sentada ao lado do rádio Blaupunkt em nossa pequena casa no conjunto habitacional Mon Repos, em San Fernando. Todo mundo está dormindo, então mantenho o ouvido pressionado ao tecido macio que cobre o alto-falante. Mexo nos botões do rádio tentando encontrar a Rádio Venezuela. (Eu não falo espanhol, mas gosto das vozes agitadas cantando uma música que parece robusta e dourada e eu gosto de dançar rápido, e parece que a mãe do meu pai era da Venezuela, embora eu só a tenha visto uma vez, de relance, e nem me lembro se foi numa fotografia depois que ela já tinha morrido ou se foi na vida real, mas a avó com quem eu moro disse que eu tenho sangue espanhol em mim e, toda vez que eu faço alguma coisa errada, ela atribui meu comportamento a essa ancestralidade e me chama de "*pañol suja*." E assim lá estava eu pensando na Venezuela e determinada a aprender ouvindo o rádio desse jeito, nem que fosse para pegar uma frase ou outra que eu pudesse falar por entre os dentes nessas horas, dançando e tentando me safar da cinta de minha avó.) Os apresentadores espanhóis das cerca de doze estações pelas quais eu passo anunciam suas introduções, comerciais e agradecimentos rolando os Rs como se a língua não tivesse nada além de Rs. Rs que trovejam quando chegam ao meio, irrompem, estouram e voltam a trovejar. Os apresentadores gritam como se estivessem num grande mercado aberto disputando com caminhões em aceleração e mascates gritando, embora seja tarde da noite e somente eu esteja ouvindo o rádio. Estou determinada a aprender a língua por osmose. Tento discernir as palavras, finjo que entendo, depois desisto e passo para a próxima frequência espanhola, desisto novamente e me lembro de que tenho um amigo por correspondência em Curaçao que diz que fala papiamento e com quem pretendo me casar quando crescer, então tento encontrar Curaçao. Ele me mandou uma foto, ele tem a pele escura e é bonito e nós dois fizemos planos provisórios de nos casarmos. Ele não sabe que eu tenho apenas nove ou dez anos, ele tem quatorze, e eu importunei minha avó para ir ao estúdio de Wong tirar uma foto para enviar para ele, mas minha avó fez cara feia e me disse "não tenha pressa", ou seja, não seja ridícula. De onde ela vai tirar dinheiro para eu tirar foto, e, se esse negócio de amigo por correspondência for custar dinheiro, é melhor eu parar e ir logo cuidando do dever de casa. Então eu procuro a Rádio Curaçao torcendo para reconhecer se eles falarem papiamento, sem me dar conta de que eles provavelmente falam holandês como idioma oficial e, seja como for, eu não faço ideia de como soa o papiamento. O rádio Blaupunkt no canto da nossa pequena sala de estar é minha conexão com o mundo, e minha conexão depende de minha avó estar de bem com a vida e não ficar de saco cheio por eu mexer nos botões, que ela diz que vão estragar se eu continuar girando-os de um lado para o outro. Se dependesse de minha avó, o rádio ficaria desligado, ele é tanto decoração e sinal de *status* quanto tecnologia. Minha avó ouve o noticiário das oito da manhã e o das quatro da tarde da BBC, a radionovela *Portia Faces Life* [Portia cara a cara com a vida] e os longos discursos do Dr. Eric Williams, o (então) primeiro-ministro, além de partidas de críquete lá da Austrália, da Grã-Bretanha, da Índia ou do Paquistão. Mas o valor ornamental do rádio é igualmente importante. Ele foi comprado a tempo de impressionar os vizinhos também. Fico agachada perto da fachada rugosa do Blaupunkt. Tenho de ser cuidadosa e não posso demorar para não acordar ninguém e perder meu privilégio clandestino. Minha avó também diz que estou desperdiçando eletricidade ouvindo todos esses "pañols." Os venezuelanos são tão barulhentos, mesmo quando o volume está no mínimo, que eu mudo de estações rapidamente. E então ouço a Rádio Antilhas, o ribombo sedoso de uma voz masculina em inglês do Caribe oriental, e eu paro. A voz é mais baixa, menos propensa a acordar alguém, então fico ali. É nela que ouço Dinah Washington, Sarah Vaughan, Billie Holiday, Bessie Smith e Nina Simone. Depois disso, adoto o nome Simone como meu *nom de plume* [pseudônimo] ao enviar poemas para o jornal local. E é aí onde vou parar todas as noites com Bud Powell, Charlie Parker, Max Roach, Duke Ellington e Count Basie. A música tem um ar elegante. Faz com que eu me sinta mais velha e mais inteligente do que sou aos nove ou dez anos e não é como o espanhol venezuelano, ágil e sedutor, todo voltado para o amor e a dança. Não, ela é serena, serena. É curiosa, triste de uma tristeza verdadeira tão grande que é capaz de me engolir; está cheia de coisas que ainda desconheço e, além disso, é serena. Certa noite, uma tia começa a dançar e me pergunta que tipo de música de "gente grande" é esse que estou ouvindo enquanto Dinah Washington singra uma canção sobre a diferença entre um dia e outro. Sua voz se espalha sobre o dia feito creme de leite que transborda lentamente. Enfim, todas as minhas tias adoravam Sarah Vaughan e Dinah Washington. Elas se davam esses nomes quando alisavam o cabelo puxando-o para trás, e quando usavam vestidos sereia de costas nuas. Elas diziam, se admirando enquanto desfilavam com esses vestidos e penteados: "Ah, meu deus, Sarah Vaughan, menina, você está a cara da Sarah Vaughan." Ou "Ah, meu deus, Dinah Washington, cara!", enquanto imitavam o estilo e a aparência dessas mulheres. Elas se conectavam com a sensualidade e a sofisticação dessas mulheres. Minhas tias dançavam abraçadas quando Dinah e Sarah tocavam no rádio, fechando os olhos e imaginando sofisticação, homens gentis e, curiosamente, riqueza. Para dizer a verdade, Sarah Vaughan e Dinah Washington devem ter acompanhado minhas tias em todas as decisões ruins nos relacionamentos, mas também lhes deram glamour e maneiras de amar e perder, de sofrer e sobreviver. Naquela noite, a tia que dançava ao som de Dinah Washington me achou muito precoce. Na manhã seguinte, ela alerta a família de que eu estou perdendo a linha. De que ando ouvindo música de gente grande tarde da noite como se eu fosse uma mulher adulta. "Ah, então você já é adulta?", pergunta meu tio. "Venha cá, venha cá e leia isso se já é tão adulta assim." E ele me joga um exemplar do *Royal Reader* ou do *West India Primer*, não me lembro qual, me mandando ler em voz alta.

> O rei Francis era bondoso e amava o esporte sério, E enquanto os leões lutavam, apreciava o império, Os nobres em seus assentos, as damas em sua altivez, Entre eles o conde Delorge ao lado de quem suspirar o fez.

Não me lembro do que havia entre essa parte e a seguinte de que me lembro, mas

> o amor de Delorge ouviu o rei, uma bela dama vivaz... Jogarei a luva para seu amor testar, toda glória minha será... Ela lançou a luva para seu amor testar, olhou para ele e lhe sorriu, Ele fez uma mesura e num instante para o meio dos leões partiu, Rápido salto, rápido retorno, ao seu lugar voltou, E a luva, sem qualquer amor, na cara da dama ele jogou.

Então o rei reage. "Não o amor, disse ele, mas a vaidade dá ao amor tal tarefa." Eu recitei isso, enrolando nas partes que eu não entendia e que provavelmente eram as mesmas partes de que não me lembro hoje em dia, e não sei exatamente como isso era diferente de ouvir Big Maybelle cantar "How It Lies" no Blaupunkt.

> Há uma dor que não tem hora quando o cara que você adora é um demônio de anjo disfarçado... seu nome está na lista de todo florista, tem mais de dez moças ao alcance da mão, mas, de todas da fila, por que somente eu na solidão?

Não tenho certeza se minha família entendia o poema do Rei Francis ou se apenas o ouvia como um mantra inglês que me lançaria num mundo de privilégios, mas eles obviamente achavam que Big Maybelle, Dinah Washington e Sarah Vaughan me revelariam uma vida de sensualidade proibida. E tive de me privar da Rádio Antilhas até que meu bom comportamento os distraísse e eu pudesse voltar ao Blaupunkt tarde da noite para ouvir Nellie Lutcher cantando "Better Snatch and Grab It Before It Gets Away."

Durante anos, a Rádio Antilhas foi meu elo com o mundo, e o mundo era o povo negro moderno e sofisticado dos Estados Unidos. Nessas madrugadas, ouvindo a Rádio Antilhas (às vezes passando nostalgicamente pelos agressivos Rs da Rádio Venezuela), li *Mulherzinhas*[5] ao som de Miles Davis, *O morro dos ventos uivantes*[6] e *The Year in San Fernando*[7] [O ano em San Fernando] ao som de John Coltrane e *O amante de Lady Chat-*

---

5 L.M. Alcott, *Mulherzinhas*, São Paulo: Penguin-Companhia, 2022. (N.E.)
6 E. Brontë, *O morro dos ventos uivantes*, São Paulo: Penguin-Companhia, 2021. (N.E.)
7 M. Anthony, *The Year in San Fernando*, Londres: Hodder Education, 2021. (N.E.)

terley[8] e romances da editora Mills & Boon ao som de Mary Lou Williams. Eu não me lembro dos nomes de nenhuma música, lembro-me apenas de que tinham algo a ver com todo esse aprendizado, tinham algo a ver com uma vida secreta que estava se abrindo para mim – o entendimento revelado parecia mais interessante do que minha família ou minha rua, ou eu podia a partir de então olhar para minha família e minha rua com uma curiosidade diferente, vê-los todos como personagens aspirantes à ambição literária e musical. No rádio, jazz e literatura se mesclavam na vida dos adultos, uma vida que eu logo passaria a ter. Acho que entendi que uma forma tinha alguma coisa a ver com a outra, ambas faziam declarações sobre vidas particulares, ambas faziam observações sobre desejos, ambas ofereciam descrições de coisas que eu conhecia e que não conhecia – esquinas, emoções, pessoas. Para mim, tanto o jazz quanto a página eram um conjunto de arranjos sonoros – o modo como um conjunto de trompetes é capaz de descrever um trem em "A-Train", de Billy Strayhorn, toda a agitação da cidade, as conclusões das passagens; ou o modo como o escritor Michael Anthony é capaz de descrever as apreensões de um menino vindo do campo para a cidade. Um conjunto de arranjos de som ou som rearranjados de tal modo que você pudesse apreciá-lo, não simplesmente vivê-lo, de tal modo que você pudesse desfrutar tanto da dor quanto do prazer; você podia apreciar esses arranjos como evento ou espetáculo, ou como algo visceralmente próximo.

Muito mais tarde, muito, muito mais tarde, li o ensaio de Kamau Brathwaite "Jazz and the West Indian Novel" [O Jazz e o romance das Antilhas]. Nele, Brathwaite fala das "origens dicotômicas da música; choro/riso, escravizado/livre, rural/urbano, África/Europa e a resolução do suingue." Ele fala da apresentação que o jazz faz do debate filosófico e moral no cerne do "novo mundo" em sua forma artística original. Ele continua:

> Nós ouvimos isso no saxofone e no trompete (a voz), mas seu significado não vem apenas daí, mas do clangor coletivo de protesto e da afirmação da vida e do ritmo do grupo. Ouvimos isso no baixo e na bateria, na composição do piano e no conjunto

---
[8] D.H. Lawrence, *O amante de Lady Chatterley*, São Paulo, Penguin-Companhia, 2010. (N.E.)

> completo, que sugere ora o caos, ora a anarquia. Mas o caos é sempre convertido em ordem. [...] O trompete pergunta, o conjunto responde, conforta, grita seu protesto coletivo sincronizado contra o mundo (branco) sufocante.[9]

De ouvido colado no Blaupunkt, acredito ter escutado esse protesto, esses indícios de anarquia, caos, gentileza e reserva. Eu sabia que havia pessoas ali que se pareciam comigo e cujo povo veio para esta parte do mundo da mesma forma que o meu. E elas estavam naquele grande país chamado Estados Unidos, que estava no mundo de um jeito que talvez o lugar de onde eu vinha não estivesse, mas meu lugar era onde eu me sentava ouvindo o Blaupunkt tarde da noite tentando encontrar o mundo ou gritar por ele.

Kamau Brathwaite, em seu ensaio, ressalta com razão o fato de que o Caribe não criou um jazz. Esquece-se, no entanto, do tambor de aço, cujos sobretons todos tentam controlar, mas cujos estampido, ribombo e vibração são a essência de seu caos, desconcerto, prazer e ordem. Nesse ensaio, ele não credita a natureza fora da lei, renegada e outrora proibida do calipso, nem do reggae, aliás, até a década de 1970, mas esses espaços destituídos foram os espaços nos quais essas músicas também foram criadas. Eu me lembro dos rostos de reprovação e do repúdio aos rapazes que tocavam essa música no quintal da minha casa, sem falar no caráter suspeito atribuído a qualquer mulher que saísse com um tocador de calipso ou de tambor de aço. Essa sociedade, embora de origem basicamente africana, também resistia à ameaça de seu eu mais revolucionário e culturalmente afirmativo contra os padrões imperiais da colônia. E essas possivelmente eram as conexões de afinidade intelectual e social que eu estava fazendo, de ouvido colado no rádio Blaupunkt, embora não associasse na época essa tensão à leitura ou a um protesto coletivo. No sábado à noite, antes de saírem para um baile vestidas com seus vestidos sereia, perfumadas e alisadas, minhas tias nos ensinavam o jive, se abaixando e girando entre as cadeiras tipo Morris. Nós consumíamos cada penteado e passo que vinha da América Negra e me parece que éra-

---
9 K. Brathwaite, *Roots*, Ann Arbor: University of Michigan Press, 1993.

mos muito particulares nessa escolha, reconhecendo essa afinidade histórica como afinidade de raça e classe. Mas também é interessante que achássemos aquilo superior, em alguns aspectos, ao que produzíamos, porque, de certa forma, aquilo vinha de fora, feito nos Estados Unidos, e qualquer coisa vinda de fora era mais valiosa e, meu deus, havia gente negra de fora também – não da África, que simbolizou até muito mais tarde o passado e os estereótipos de atraso, mas dos Estados Unidos, daquele país novo e sofisticado. Tínhamos pessoas lá também.

Brathwaite explora a estrutura de romances como *Homem invisível*, de Ralph Ellison, *Se o disseres na montanha*, de Baldwin, e *Brother Man* [Irmão homem], de Roger Mais, examinando o ritmo de tonalidade jazzística e o uso literário da improvisação, e sugere uma Nova Orleans cultural surgindo na época para escritores antilhanos dentro da qual esses mesmos paradoxos de comunidade e solitude, caos e ordem, esperança e desilusão qualificam a nova experiência de mundo desses escritores. Lendo-o agora e lembrando-me do rádio, algumas coisas se tornam óbvias em minha própria escrita – o hibridismo através de todas essas influências; a busca de múltiplos registros se sobrepondo ao simples esboço da história; os trompetes, cacofônicos contra a melodia de fundo, os sobretons ressoando e o simples encanto de uma comunidade.

Eu não gostava, e ainda não gosto, de ouvir Billie Holiday aos domingos. Há um modo como ela segue sozinha na melodia, com a voz fazendo o que nenhum outro instrumento está fazendo e, ao mesmo tempo, apoiando-se nos outros instrumentos, com aquela voz que é a personificação da solidão, plena e tão completamente dolorosa que nada é capaz de contê-la. Você não quer contê-la porque seria inútil, e contê-la não é nada comparado ao que ela faz, e os domingos, que já são vazios, tampouco são capazes de suportar tamanha solidão. Sua voz nunca conforta ninguém, é sempre original e magoada, nunca dando permissão com facilidade, e é disso que se trata o jazz, a coisa que eu ouvia e com a qual me conectava ao me encostar bem no rádio, ouvindo, apesar do meu medo de Billie Holiday num domingo – ele te deixa aberta e suspensa no ar e esse é o espaço de que alguns de nós precisamos, uma abertura para outra vida emaranhada nesta, mas se abrindo.

DUALIDADES

Em *Orientalismo*, Edward Said cita Gramsci ao dizer que o

> ponto de partida para a elaboração crítica é a consciência do que realmente se é [...] como produto do processo histórico até um dado momento, que depositou em você uma infinidade de traços, sem deixar um inventário [...] por conseguinte, é imperioso, desde já, elaborar esse inventário.[1]

Said sugere que, ao escrever *Orientalismo*, ele procurou inventariar os traços a seu respeito, o "sujeito oriental, da cultura cuja dominação tem sido um fator tão poderoso na vida de todos os orientais."[2] Tentarei aqui inventariar alguns aspectos de minha educação sob essa luz, examinar os vestígios da dominação imperial e da resistência de raça, classe e gênero depositados em mim e, além disso, minhas conciliações e aquiescências frente à dominação. Quero começar pelo final do que considero minha educação formal.

Há cerca de três anos, durante o doutorado, tendo feito todo o trabalho de curso e me preparado para a qualificação e tendo trabalhado como professora assistente de Inglês na Universidade de Guelph nos dois anos anteriores, de repente me dei conta de que talvez estar nessa situação não fosse nada mal para ninguém (sobretudo para mim), dado o longo caminho que eu tinha percorrido desde a menina de quatro anos na escola da Srta. Greenidge que tinha sido espancada com uma vara de goiabeira pela própria Srta. Greenidge por ter perdido o lápis de ardósia do menino de pele clara e, depois, repreendida por não ser respeitosa com os filhos de pessoas decentes.

Nada, nada mal para alguém que veio de uma casa que nunca podia pagar o aluguel mensal de doze dólares ou manter um suprimento de comida até o final de cada mês difícil, cujas panelas ficavam secas e inodoras no vigésimo dia do mês e cuja avó se encolhia deprimida em

---
[1] E.W. Said, *Orientalism*, Nova York: *Vintage*, 1979. [Ed. bras.: *Orientalismo: o Oriente como invenção do Ocidente*, trad. Rosaura Eichenberg, São Paulo: Companhia de Bolso, 2007.]
[2] Ibid.

cima da cama – deprimida com a perspectiva de mandar uma de nós pedir emprestado um copo de arroz ou um punhado de lentilhas de alguma vizinha de quem já não tivéssemos pedido emprestado no mês anterior ou de uma que porventura nos tivesse pedido emprestado.

    Quanta diferença da menina, uma entre muitas, que nessas horas se sentava na cama da mãe, falando, todas nós, de crescer e ir embora para algum lugar exatamente como a Universidade de Guelph, com seus gramados verdes no verão, seus hectares invernais em janeiro, para tentar um emprego como professora assistente e terminar um doutorado. Sobretudo, sonhávamos em crescer para que pudéssemos comprar uma lata inteira de leite condensado e um quilo de açúcar para comer tudo sozinhas, felizes e contentes, ou comprar uma casa grande na qual tivéssemos camas próprias, mas acima de tudo falávamos daquela lata de leite condensado, e das pessoas com quem iríamos compartilhá-la ou não. E foi então que nos obrigamos a ser generosas, citando os momentos no futuro em que teríamos condições de pagar e em que qualquer uma de nós que bancasse a mesquinha teria de viver na rua, morrendo de inveja, vendo a outra passar lambendo a lata.

    Quanta diferença do tempo em que nos entregávamos àquelas conversas ao pé da cama de mamãe, conversas que substituíam a comida, conversas que odiávamos encerrar porque a fome estaria à espreita e uma de nós teria de encarar a travessia constrangedora do quintal para pedir emprestado o copo de arroz, açúcar ou lentilha. E das conversas pelas quais nossa mãe nos guiava, traçando o mapa de nossos sonhos, nos mostrando que nossos pés e uma mala vazia não eram suficientes, como também não bastava um sonho feito só de magia, mas que precisávamos encher a cabeça de aprendizado, "ter ambição, pegar toda a educação que as pessoas dão" e correr pra caramba.

    Então, por que eu estava andando pelo campus da universidade de Guelph, tendo passado por tudo isso, pensando em desistir do doutorado? Eu me lembro de lutar com essa ideia tanto quanto lutava com a fome ao pé da cama de mamãe. (Talvez tenha sido lá, afinal, que aprendi o que era angústia.) E de nada adiantava recorrer aos alertas guardados na memória, os mesmos de que eu tinha lançado mão para me manter no mestrado e em vários empregos institucionais, de nada adiantava evocar a velha soma assustadora de fome e falta de moradia, que na verdade nem precisava de tanta evocação, porque estava sempre me rondando, sempre está, tanto como legado daquela época quanto pelo simples fato de eu ser uma mulher negra. Surpreendente e impressionantemente, nenhum desses alertas habituais parecia suficiente ou uma razão boa o bastante para concluir o doutorado. Lembro-me de atravessar um inverno e um verão caminhando pelo campus e dizendo a mim mesma: "Eu não consigo pensar em nenhuma razão para continuar. Não consigo pensar em nenhuma boa razão, não consigo pensar numa boa razão, umazinha que seja! Por que, por que eu não consigo pensar num único bom motivo?" Lembro-me de me sentir cansada, sobrecarregada. Não que fosse difícil, porque não era, mas eu me tornei consciente da diferença repentinamente nítida entre o que significava fazer o doutorado e o que a vida deveria significar. Senti que, no fim das contas, de certa forma, caso eu viesse a concluir o doutorado, isso se daria não por interesse próprio, que seria um gesto para satisfazer forças externas, em vez de uma que tivesse vindo de mim.

Havia já muito tempo que eu tinha parado de pensar no doutorado como a realização maior, o prêmio final pela conquista de um sistema educacional feito para me excluir. Havia muito tempo que eu tinha deixado de pensar nele como um esforço pessoalmente satisfatório no sentido de expandir conhecimentos de meu interesse. Eu podia fazer isso sozinha, sem qualquer intervenção institucional, e já o vinha fazendo. Na verdade, quando eu pensava na experiência dos meus anos de graduação, via que tudo que aprendi, que fosse do meu interesse ou que pudesse salvar minha vida, foi aprendido fora das salas de aula da universidade, uma vez que as salas de aula, a estrutura social, o currículo, toda a organização, fosse ela ergonômica, administrativa ou pedagógica, era institucional e unanimemente impregnada de racismo e sexismo. E a minha presença na universidade parecia mais para a salvação dela do que para a minha. A minha presença e a de pessoas como eu talvez lhe emprestassem uma credibilidade maior do que a que ela de fato merecia, de parecer livre, humana e liberal.

Com exceção de uma disciplina do terceiro ano, nenhuma outra da minha graduação em Inglês na Universidade de Toronto mencionou um escritor negro ou qualquer outro escritor que não fosse europeu. Nem um sussurro em todas aquelas belas palavras, teorias literárias, leituras e análises atentas que eram ensinadas, aprendidas e vinculadas à memória, nem sinal da vida inteira de uma pessoa negra, seus problemas, seus dilemas e façanhas morais, suas lindas almas, as miudezas... Nada. Somente uma disciplina do terceiro ano, em 1975, quando Fred Case, professor do departamento de Francês, um homem negro, a apresentou, sobre literatura africana, caribenha e afro-americana, para ser oferecida a cada dois anos. Com exceção do professor Case, eu não tinha tido nenhum professor negro. Mas é verdade que cresci nos anos 1960 e 1970, época de imensa convulsão e movimento sociais que eclipsaram o papel da universidade como pedagoga e estabeleceram uma pedagogia da rua baseada nas lutas anticoloniais e anti-imperialistas no exterior (na África, na América Latina, no Caribe e no sul da Ásia) e nos movimentos por justiça social e antiguerra no Canadá.

Os anos do meu mestrado foram intercalados com o trabalho prático em agências comunitárias negras e de mulheres e com uma guerra em Granada, situações que me fariam assistir às últimas poucas aulas horrorizada com o esmero, o conforto, o distanciamento, a ignorância (não tenho a intenção de ofender e uso a palavra em seu verdadeiro significado – falta de conhecimento) de teóricos renomados. Embora a instituição (Oise)[3] me permitisse trabalhar com questões de raça e gênero, eu me irritava com as formalidades e os protocolos e tive de traçar estratégias, um pouco como uma guerrilheira, para lidar com alguns deles – por exemplo, eu defini o tema e escrevi o primeiro rascunho da dissertação antes de escolher a comissão de orientação, na esperança

---
3 Instituto de Estudos em Educação de Ontário, da Universidade de Toronto. (N.T.)

de impressionar em vez de convencer os dois professores. Eles foram gentis e, conforme eu esperava, ficaram impressionados o suficiente e então me deixaram tocar o trabalho praticamente sem interferência.

Assim, ao longo dos anos, eu fui passando a ver a educação superior apenas como mais uma fogueira que você pulava na esperança de não acabar na pobreza. Percebi que ela não tinha nada a ver com os desejos da pessoa ou com aquilo que ela talvez amasse ou sequer apreciasse.

O tempo todo eu estava seguindo as instruções da minha avó e do meu avô de pegar "a educação daquelas pessoas" e ver o que se podia fazer com ela, porque sem ela não haveria chances. Não sei se eles tinham noção de como era devastador o que estavam sugerindo. Eles sabiam que aquilo certamente nos salvaria da pobreza ou, pelo menos, sentiam que nos deixaria em situação de vantagem contra ela. Eu também sabia que aquela mensagem era ambivalente – educação significava a possibilidade de se apoiar em alguma coisa além das mãos guiando um esfregão ou uma vassoura, significava poder abrir as pernas somente por prazer, não por necessidade. Mas eles se referiam a ela como "a educação dos outros" ou "educação de gente", tal como chamavam a ida ao trabalho de "o trabalho dos outros" ou "trabalho de gente", como em "tô indo pro trabalho daquela gente lá, tá", o que significava uma coisa que não era nossa e situava a posse e o arbítrio do trabalho fora de si e de nós, vinculando-os a um grupo de pessoas que se diferenciavam de nós na classe e na raça. Eu sabia que a mensagem deles era ambivalente e optei por prevenir do que remediar, até que não fui mais capaz de responder àquela pergunta e senti uma espécie de ferida no cérebro depois de tantos anos recebendo "a educação daquela gente."

Mesmo assim, eu me matriculei em Literatura Inglesa, o que certamente não me renderia um emprego, e talvez essa tenha sido uma forma de romper tanto com a minha fé quanto com a dos meus avós na utilidade de um diploma. Fiz Inglês e Filosofia, talvez um ato falho expondo as intenções da família, um desejo secreto revelando o fato de que o que realmente queríamos era ficar conversando, pensar e apreciar os pensamentos dos outros, ser emocional e moralmente intensos, fazer alguma coisa motivados por justiça ou compaixão e viver feliz. É claro que minhas experiências naquelas aulas de Inglês e Filosofia me ensinaram que essas disciplinas não estavam imunes à criação ou perpetuação de ideologias opressoras, elas eram na verdade as oficinas que superavam a bem forjada articulação dessas ideologias, os produtos mais refinados dos gestos verbais do imperialismo. E não me arrependo de ter estudado ali, porque o aprendizado sempre revela abismos, e a sala de aula, felizmente, não é o único local de aprendizado. Então admito amar a literatura, admito amar o que fiz. E reconheço que vivo numa dualidade constante no mundo, baseada em minhas condições de colonialidade, raça e gênero. Entendo, também, que a forma como essas condições se constituem não está sujeita exclusivamente ao controle daqueles que estão fora de mim, entendo que eu e meus avós fomos agentes sociais encarando a história e decidindo, negociando, vivendo em conflito constante, concordando e assim por diante. Ou seja, eu sabia que conseguiria o que buscava com todas suas contradições.

Acontece que naquele momento, naquele momento crucial em que tudo estava prestes a desabrochar na minha mão, eu me senti ferida. Tudo que eu tinha ignorado, deixado passar, combatido, esbravejado, tudo que tinha me deixado chocada, toda a ansiedade dos primeiros dias de aula, o modo como os professores lidariam com a sua raça, o que nunca era dito, mas você sabia que era pensado, todas as múltiplas leituras raciais de gestos e conversas tão necessárias para seguir em frente, toda a arquitetura da raça, me incomodava. Era isso. Lembro-me de uma disciplina do quarto ano da faculdade. O professor estava tentando separar a turma e eu tinha perdido o primeiro dia, então ele nos mandou, a mim e a alguns outros alunos, agendar um horário com ele. Geralmente eu era a única negra nas disciplinas de inglês. Na sala do professor, ele me perguntou se eu tinha certeza de que aquela disciplina era para mim e se eu daria conta de tudo. Eu imaginei o que ele quis dizer, mas ele não tinha usado nada além do tom de voz e do olhar, então tudo o que eu podia fazer era insistir mal-humorada para frequentar as aulas, algo que ele não podia me negar.

Eu me sentava na aula dele, encarava-o com um olhar sinistro, fazia as provas semanais, não falava nada, tirava ótimas notas, até que um dia ele escreveu em um dos meus trabalhos que eu deveria me pronunciar em sala de aula porque meu ponto de vista era interessante e meu trabalho, promissor. Depois que recebi esse trabalho, dei-lhe um último olhar, que espero ter sido venenoso, e nunca mais voltei para a aula. Eu sequer consegui reembolso porque tinha passado tempo demais naquela aula, lutando até provar que eu não precisava daquilo. A necessidade de engajamento constante nessas dinâmicas raciais é um risco de condições como a minha.

Senti uma espécie de ferida no cérebro.

E, por fim, não era que meu orientador fosse me incomodar ou não me entender ou não apoiar meu projeto, não era que o trabalho fosse ser difícil, não era que o tema não fosse algo de que eu estivesse próxima e com o qual não quisesse lidar. Na verdade, eu iria defender a inserção da obra de Mary Ann Shadd[4] no cânone literário canadense, como havia sido feito com as obras de muitas de suas contemporâneas – as narrativas de suas viagens pelo sudoeste de Ontário não eram diferentes das de Anna Brownell Jameson[5] ou de Catharine Parr Traill[6].

Então, àquela altura, alguém decerto poderia dizer que eu não estava mais à mercê da universidade e que não teria tido qualquer problema em simplesmente terminar. E meus amigos me disseram: "Ah, pelo amor de Deus, termina logo esse negócio." Eles mesmos estavam convictos, assim como eu havia estado, de que o que eu pensava não importava muito, de que esse tipo de oportunidade simplesmente tinha de ser aproveitada e resolvida para que você pudesse tocar a vida, ou seja, fazer mais do mesmo. E até aquele momento, há três anos, era assim que eu me sentia também. Indecisa, cética, mas seguindo em frente. Mas meu cérebro se sentia ferido, assoberbado. Era como

---
[4] Mary Ann Shadd (1823-1893) foi jornalista, editora, professora e advogada estadunidense e canadense, tendo sido a primeira editora negra na América do Norte e a primeira editora mulher no Canadá. Ficou conhecida também pelo ativismo abolicionista. (N.E.)
[5] Anna Brownell Jameson (1794-1869) foi uma escritora, feminista e historiadora de arte irlandesa que viajou pelo Canadá em 1837. (N.E.)
[6] Catharine Parr Traill (1802-1899) foi uma escritora e naturalista de origem inglesa que emigrou para o Canadá em 1832 e escreveu muito sobre a natureza e a vida canadenses. (N.E.)

se na maior parte do tempo ele não fosse dono de si mesmo e como se a conclusão daquele doutorado significasse a conquista completa do meu "eu" por tudo aquilo a que eu vinha resistindo, mesmo enquanto a tudo absorvia. Lembro-me de naquele momento ter inclusive calculado a porcentagem do meu cérebro que eu sentia que tinha adotado um determinado modo de pensar e de operar, a porcentagem do meu cérebro entregue a considerações sobre "a educação daquela gente." Lembro-me de dizer a um amigo que dois terços do meu cérebro já eram e que eu tinha de salvar o último terço – resgatá-lo antes que ele também seguisse a mesma sina; de dizer que eu tinha passado os quinze anos anteriores submetendo meu cérebro ao conjunto de ideias que governavam o mundo, a certas estruturas de pensamento que, por mais que a pessoa resista, acaba absorvendo; que eu o submetera a esses atos de assimilação, atos de ordenação em hierarquias, atos de discriminação e pensamento categorizador. Eu havia participado desses atos de assimilação com sentimentos de ódio e apreço.

Antes de prosseguir, permitam-me falar também de um momento perturbador de assimilação que vivi. Cerca de um ano antes de lecionar em Guelph, fui convidada a dar um curso de escrita criativa na Glendon College. Era outono e mais uma vez lá estavam os gramados verdes tão comuns nas universidades, gerando uma sensação de calma e de inteligência superior, mas indiferente, como se você não pudesse simplesmente entrar sem antes ser subjugada por essa profunda pausa verde. De qualquer forma, ali estava eu caminhando em direção ao Departamento de Inglês depois de ter descido do ônibus feliz da vida, animada com a possibilidade de lecionar numa universidade, coisa que aos treze anos eu havia dito, tanto à minha professora jamaicana de Inglês, a descolada Srta. Scarlett de cabelo afro, quanto aos meus colegas de classe, que faria quando crescesse. Meus pés pisaram no gramado, uma certa brisa, como eu imaginara tempos atrás, seguiu caminho passando pelo meu rosto e cortando o ar, o prédio jazia à frente com seus arcos, sereno, à espera, com o Departamento de Inglês em algum lugar à minha esquerda, imaginei, envolto no maravilhoso cheiro dos livros. De repente, eu me senti morta, triste, como se alguma coisa tivesse sido realizada como deveria, mas que, como consequência, eu estivesse morta. Foi uma sensação muito estranha e eu senti vontade de chorar e então eu disse a mim mesma: bom, era isso que você queria, aí está. O sentimento de resignação me surpreendeu. Percebi que tudo o que eu imaginara tinha, é claro, saído de um livro; sentada numa sala de aula de trinta meninas africanas e indianas, numa escola presbiteriana de segundo grau para meninas, lendo algum autor britânico ou anglo-americano do século XIX, eu havia imaginado aquilo, e muitas das meninas ao meu redor também haviam; e, ainda que eu tivesse *me* imaginado, não era realmente eu que estava no livro, e alguém tinha aparecido no gramado, mas era eu e não a consciência no livro. Não aquela que teria experimentado uma euforia genuína em vez daquela resignação.

De qualquer forma, quando entrei na sala de aula e me sentei, havia uma conversa rolando sobre quem era essa professora e como seria ela. Uma aluna chegou a ficar do lado de fora da porta olhando para o corredor, esperando a professora chegar. Ninguém me incluiu na discussão sobre quem seria a professora, supondo que elas tivessem achado que eu também fosse uma aluna. Cerca de dez minutos depois do horário marcado, eu me levantei, caminhei em direção à porta, fechando-a e perguntando para a aluna se ela iria entrar porque eu gostaria de começar. É claro que o silêncio caiu sobre a sala, dado que ninguém tinha prestado a menor atenção a mim antes, nunca pensado por um momento que eu pudesse ser a professora. Eu pensei que tivesse entrado na sala com o meneio e a autoridade condizentes com uma professora, mas obviamente a coisa não tinha funcionado. Admito algum deleite perverso ante a consternação audível que se espalhou pela sala, mas a situação foi um pouco amarga. Eu não toquei no assunto com a turma, e o período passou com relativa tranquilidade. Anos mais tarde, uma aluna chegou a dizer a um amigo hippie--ciclista-poeta que ele deveria cursar a minha disciplina em Guelph. Quando o amigo entrou na minha sala e me disse isso, com um sorrisão no rosto e me perguntando alguma coisa bem simples, meu coração derreteu. Eu balancei a cabeça, dizendo a mim mesma: a gente nunca conhece as pessoas. Mas nós tínhamos compartilhado aquele momento na sala em que eu não era a presença que eles esperavam ou desejavam encontrar. Podemos muito bem dizer que talvez essa seja minha missão de vida, meu propósito, e que, ao entrar naquela sala de aula, eu fiz uma coisa boa para mudar atitudes, perspectivas etc. Mas, pensando bem, foi uma ferida na alma.

O acúmulo lento e anual de momentos como esse fez com que o doutorado assumisse para mim o significado de uma total rendição durante meu declínio. Foi, depois de tudo que senti, um momento transparente de todo o sistema. Eu só precisava seguir certos protocolos táticos e sociais e tudo estaria resolvido. A essa altura, eu já via com clareza o doutorado como um conjunto de formalidades, reverências e relações que incluíam uma troca de gentilezas tão transparentes quanto os títulos de cavaleiro numa relação com o rei ou a rainha, um convite para entrar num clube cuja história o coloca não numa posição de resistência às normas sociais, mas, em geral, numa de apoio a estruturas sociais. Grupelhos radicais, não obstante; ou, melhor dizendo, grupelhos radicais contribuindo para a legitimação. Dado que eu não tinha visto esse clube assumir a linha de frente em qualquer confronto nem entrar na clandestinidade e dada a sua relação com o Estado, estava claro que não se tratava de um lugar revolucionário e, verdade seja dita, eu nunca o tinha encarado como tal. Então, por que eu estava entrando? Por que eu ainda estava me submetendo à sua vontade, às suas regras, às suas fórmulas, quase como um autômato?

Eu sempre me sentira dividida, mas a partir de então passei a experimentar também a sensação adicional de vergonha. Eu não estava aderindo a uma luta social, estava me filiando a um clube.

Eu cresci numa pequena comunidade de uma pequena cidade de um país de 1,5 milhão de habitantes prestes a se tornar independente do Reino Unido e nos primórdios da educação gratuita para todos. Essas duas dádivas se entrelaçavam na psique nacional, combinadas com um nacionalismo negro anterior que se apresentava tanto a favor quanto contra a inclusão de um nacionalismo indiano, tudo assinalado pela escravatura e pela servidão. As oportunidades que elas ofereciam ficaram gravadas no meu cérebro através da família, da comunidade e da nação.

Fomos à escola para nos tornar pessoas que não éramos, fomos à escola para nos tornar pessoas das quais não teríamos vergonha, fomos à escola para elevar a nova nação negra, fomos à escola para obter qualificações suficientes que nos tornassem pessoas aceitáveis aos olhos do país do qual estávamos buscando independência. Fomos à escola não para nos tornarmos nós mesmos, mas para nos livrarmos de nós mesmos. Tínhamos duas línguas, duas personalidades, duas vidas. Entramos numa conspiração, numa barganha conosco, com nossos pais, comunidades e nações para vivermos essa dualidade como um caminho para o progresso, a industrialização, a modernização, uma vida melhor. E o mais importante, talvez, um eu melhor. Assim, além do pragmatismo de meus avós, do negócio de crescer e ser capaz de cuidar da própria vida, como eles diziam, e não obstante a pura curiosidade que faz da investigação intelectual uma tarefa divertida, havia também a angústia colonial mais ardente, um sentimento de inferioridade que dava a cada detalhe intelectual sua porção de amargura. Essa percepção visceral de que a pessoa não está em si mesma, mas em si e fora de si ao mesmo tempo. A tristeza de precisar retornar a alguém desconhecido e não descrito, a impossibilidade de qualquer retorno e a completude da doutrinação que torna esse eu irredimível.

Há alguns anos, encontrei-me com uma mulher que eu não via desde os dias da escola para meninas em San Fernando Hill. Nós nos encontramos em Amsterdã; ela estava em Haia, e nós nos reconhecemos instintivamente. Ela havia ido em busca de sua vida imaginada em Haia e eu, na Universidade de Toronto. Tínhamos ido em busca de uma formação para que pudéssemos enfim caminhar sobre aqueles gramados e enveredar por todos os livros que não falavam de nós e que havíamos devorado durante a preparação. Nós duas nos sentamos e conversamos na mesma cadência, com as mesmas pausas de seriedade, de ironia, de solenidade, deixando que o riso nos conduzisse de volta à colina, à diretora, às professoras e às diretoras de que gostávamos e de que não gostávamos, e ela me disse que, quando leu uma das minhas histórias, soube imediatamente que era eu, embora eu não usasse o mesmo nome pelo qual ela me conhecia. E nós duas concordamos que, se não fosse por aquela escola de ensino médio para meninas, ela e eu seríamos mulheres muito tristes em nossas respectivas comunidades indianas e africanas de Trinidad. E nós refletimos sobre isso por um tempo, e era verdade ou talvez não, também, não tínhamos como saber. Mas falamos desses dias com um misto de vergonha e gratidão. Vergonha por todas as vezes que nos disseram como ser moças limpas e boas, o que suspeitávamos que significava deixar nossa "cultura" para trás, e gratidão, porque de fato crescemos e nos tornamos mulheres que não levavam desaforo para casa e que não achavam que houvesse nada que não pudéssemos ousar pensar ou ser. Mas tínhamos a sorte de ter um país ao nosso redor que esperava mais de nós, por mais miscigenadas e malucas que fossem todas as contradições de classe, gênero e raça; o nacionalismo e o Estado nos incluíam. Mas na desolação do Canadá, onde a construção de um nacionalismo que inclua você cai por terra, as contradições são mais agudas.

Então, ao caminhar por um gramado 25 anos depois, você se lembra de que havia alguma coisa que você deveria estar sentindo, mas não sente; você não foi capaz de se convencer completamente a se filiar ao programa. E há batalhões inteiros de líderes de torcida pressionando você com a melhor das intenções. Não é só "o sistema", mas os amigos, a comunidade, os colegas esperando que você (se você for negra) se filie para que eles possam citá-la e incluí-la nas provas contra o sistema, mesmo que a prova deles seja o fato de que você se filiou.

Mas minha cabeça estava longe demais dessa política liberal para que ela tivesse qualquer poder de persuasão ou para fazer com que eu tivesse qualquer sensação de obrigação ou culpa. Admito que foi dolorido, mas eu sabia que simplesmente não sobreviveria. Além disso, eu não tinha a menor condição de continuar. Não tinha estômago, como se diz.

Eu tinha esgotado a capacidade de absorver o sistema ou de viver sem problemas essa dualidade que muitos de nós vivemos. É claro que muitos de nós podemos e sobrevivemos a ela; na verdade, talvez seja impossível nos distinguirmos dela, mas, se realmente pararmos para pensar, estamos despedaçados.

O QUE SE VÊ

O olho é uma coisa curiosa: não é um órgão passivo, mera parte fisiológica, prática e utilitária; não é só um naco de matéria viva, cartilagem, tendão, sangue. Ele vê. É mais hábil do que o pé ou a mão. Quando ele capta uma imagem, esse ato não me parece simples. O olho tem experiência, conhecimento e territórios em primeiro plano, razões de ele ver esse sujeito se aproximando e aquele se afastando. Por que ele vê esse rosto aqui e uma mão afagando a superfície do rosto e dos ombros ali? O olho tem cidadania e propriedades. Senão o que me faz perceber a mão direita de Sherona no início do trajeto de seu corpo alcançar o rosto rapidamente enquanto a esquerda se apoia no quadril esquerdo e os lábios se afinam numa palavra precisa, todo o movimento descrevendo o princípio, a afirmação, a insistência e a atitude de não levar desaforo para casa? No entanto, essa mesma frase-corpo faz com que o cinegrafista branco dê zoom apenas no rosto, preenchendo a tela com ele até que todos os outros gestos estejam ausentes. O que faz isso acontecer se o olho não tem um fotograma delimitando a composição da visão? Fotogramas que talvez já descrevam, talvez não como se já tivessem nascido para ela, mas nascidos nela, que já descrevam os limites da imagem e a direção do foco. Meu enquadramento vê todo o corpo dela como a soma do que ela diz. Sem a mão conduzindo a superfície do movimento, sem o quadril, sem o braço flexionado e o quadril ao fundo, sem a cabeça balançando, ela não é uma mulher negra que não leva desaforo para casa prestes a escapar de seu fotograma se você não prestar atenção, e não morando nele mas fazendo o favor de lhe dedicar tanto tempo, não aceite esse enquadramento, ele nunca será capaz de me descrever, uma mulher negra completa que viveu toda uma vida dedicada a desmontar essa mentira. O enquadramento do cinegrafista branco se limita de algum modo à pele de Sherona, com o close fechado chamuscando a textura, vasculhando a cor, priorizando-a em detrimento das mãos que voam, do corpo apoiado no quadril, do braço flexionado. Desse ângulo, a pele, em vez disso, se estica feito tecido por todo o fotograma e pela boca que se move; o close se fecha, compacto, compacto, tentando excluir o dedo da mão que se move rapidamente pelo rosto, a boca que se move, ao que parece, sem som, sem interromper a pele.

O olho tem propósito e vai aonde quiser a fim de esclarecer as coisas para si. Ou para repetir. Ele tem caprichos. Ou para regular. É muito preciso em relação ao modo como deseja ver o mundo. Quando percebo isso plenamente, dois filmes depois, e não deixo a câmera à mercê do outro olho, recebo uma mensagem curiosa do diretor de fotografia. Ele não gosta de uma determinada sequência; não é uma boa tomada, diz ele, e nem deve ser aproveitada na edição, foi obviamente um erro e, como não nos demos conta, será que eu realmente quis aquela tomada? Na sequência, Leleti, fora do enquadramento, lê um poema para uma mulher. Ela está posicionada fora do alcance da câmera, à esquerda. Você não consegue ver os olhos de Leleti, mas a mulher para quem o poema de amor é lido consegue. Eu escolho esse enquadramento e tento posicionar a câmera na maior parte do filme, de modo a incluir os olhos donos do olhar, olhos que estão além do olho que geralmente o comanda. Nesse poema há tantas posses além dessa, então o corpo diretamente voltado para a câmera seria uma rendição ao olho que sempre domina. O diretor de fotografia transmite a mensagem de que ele não tem a sensação de que a mulher que lê o poema lésbico está lendo para ele. Não diga, respondo. Esse é o olho que sempre olha e que sempre precisa estar no foco do olhar.

Você não pode deixar esse olho sozinho nem por um segundo, pelo menos não se ele estiver olhando para você. Ele vai se voltar para si, para as coisas que ele conhece.

NOTAS PARA ESCREVER ATRAVÉS DA RAÇA

Vivo numa cultura em que as forças dominantes ainda estão recuperando ou repatriando aquilo que consideram seus ideais culturais originais, os da pátria da qual foram expulsos ou de onde tiveram de sair para fazer fortuna. Independentemente dos alinhamentos e posicionamentos variados, a elite cultural no Canadá inglês está sempre remontando às origens como fonte de legitimação da identidade na construção da nação e do Estado. Um fator crucial para essas origens é a raça, mais especificamente a característica da "branquitude" como "branquitude" situada na identidade, na construção do Estado e da nação dos colonizadores europeus. Construída em torno da óbvia e fácil distinção de cor, a "branquitude" se tornou cada vez mais a forma de diferenciar o colonizador do colonizado. O Estado-nação europeu do Canadá se ergueu em torno da "branquitude", diferenciando-se através da "branquitude" e criando estranhos ao Estado, a despeito de suas reivindicações com base no direito de nascença ou em qualquer outro direito. A inclusão ou o acesso à identidade, nacionalidade e cidadania canadenses (de fato) dependia e depende da relação de cada um com essa "branquitude." Embora essa não seja a única característica, é a característica dominante. Ela tem certa elasticidade. O acesso não é restrito aos que pertencem às chamadas nações fundadoras – os ingleses e os franceses –, sendo permitido também a outras nacionalidades europeias, como a alemã ou a ucraniana. Sua flexibilidade e sua força contemplam disputas interétnicas, como a existente entre ingleses e franceses, sem rasgar o tecido básico do direito branco. A forma como essa disputa domina e aflige a vida política do país, a despeito de, digamos, reivindicações dos povos indígenas sobre a terra, revela a predominância do direito branco. A elasticidade da "branquitude" também pode engolir ucranianos, alemães, escoceses recém-chegados e no espaço de uma geração excluir italianos, portugueses, europeus do leste etc., razão de lermos com frequência nos jornais comentários e cartas, em grande parte desses grupos cooptados, proferindo vitupérios como "as pessoas que vêm para o Canadá deveriam simplesmente se tornar canadenses" ou "quando eu vim para esse país, não havia multiculturalismo, não havia garantia ou coisa do tipo, você só tinha de se encaixar." Bom, é claro, a verdade é que, quando essas pessoas chegaram a esse país, caíram na "branquitude" que o processo de legitimação do Estado canadense havia definido como sua principal característica e que coincidia com a raça dessas pessoas. Vide o tratamento discrepante conferido a outras pessoas que não os brancos pela política de imigração ao longo do último século. E claro que eles receberam uma garantia: a "branquitude." Valia dinheiro e ainda vale. É por isso que, quando, de acordo com Bronwyn Drainie no *The Globe and Mail,* Robert Fulford, o decano da cultura canadense, afirma que a cor é sua característica menos importante, ele está sendo, é claro, dissimulado. Ele não poderia existir sem ela. Ela é responsável por sua entrada e acomodação na elite intelectual mitificadora do Estado-nação e por seu papel no debate sobre o racismo nas artes. Seu papel como defensor da cultura canadense (leia-se "branca") é compreensível – e crucial – exatamente dentro desse contexto. Ele está fazendo a parte mais importante de seu trabalho como membro da elite cultural branca usando toda a estratégia discursiva – insinuando que raça não existe, esvaziando a "cor da pele" de seus significados políticos reconhecidos, invocando o liberalismo, apelando para direitos conquistados através da luta negra como se ele tivesse algum papel nessas conquistas, advertindo de maneira paternalista aqueles a quem o racismo mais afeta de que estão indo pelo caminho errado na forma como escolhem se organizar contra ele, posicionando-se como observador objetivo e onisciente, sem nenhum interesse político-racial – e todos os meios (*The Globe and Mail,* o órgão da elite neoconservadora e detentora do capital corporativo – que se tornou mais raivosamente conservadora, se é que isso é possível, desde a derrota do Partido Conservador nas últimas eleições canadenses) para atacar os forasteiros, para defender a elite e a característica coesa do Estado-nação. O ataque de Fulford indica a profundidade da luta ideológico-cultural que a "branquitude" enfrenta no Canadá – o confronto entre a "branquitude" e tudo o que ela exclui. Mas "excluído" é uma palavra inofensiva demais para a negação da história, e deve então ser usada com cuidado, assim como todas as palavras que começam como ferramentas de oposição e são cooptadas pelas instituições estatais e pelo *establishment* cultural branco. Talvez devêssemos voltar a falar da repressão de nossas culturas por esse conceito de "branquitude." Nós não fomos excluídos, fomos reprimidos e não precisamos de acesso, precisamos nos libertar da tirania da "branquitude" que atravessa todos os aspectos de nossa vida.

Acesso, representação, inclusão, exclusão, equidade. Todas essas são outras formas de dizer raça nesse país sem dizer que vivemos em uma cultura profundamente racializada e racista que reprime as possibilidades de vida das pessoas não brancas. Temos de ter cuidado com a forma como essas palavras se tornaram vernizes burocráticos para o sofrimento humano. Temos de perceber o modo como essas palavras camuflam as relações de poder vulgares e excludentes que os brancos no país não querem admitir ou das quais não querem abrir mão. Talvez seja uma estratégia muito canadense criar esses vernizes – assim como as comissões reais e os comitês para estudar problemas são uma coisa particularmente canadense – para procrastinar e estabelecer uma distância entre o problema e a solução. Abrir mão do poder, compartilhar o espaço cultural, político e econômico e evitar todo o aparato para o qual a "branquitude" é útil é realmente a solução. Se Robert Fulford tivesse aceitado ou admitido qualquer uma dessas coisas, ele poderia ter, enrubescido, ficado em paz. Em vez disso, de modo um tanto espantoso, temos o espectro de todos os grandes homens brancos no Canadá (Michel Dupuis, Richard Gwyn, Robert Fulford), representantes e porta-vozes das elites do poder, de repente falando de "cor de pele", alertando-nos de que encaramos o assunto de forma muito simplista, alertando-nos de que estamos praticando racismo ao mencioná-lo e nos organizarmos em torno dele. É bastante curioso todos os grandes homens brancos definindo racismo para as pessoas que o sofrem, batendo papo sozinhos e uns com os outros sobre a extensão de nosso equívoco. Qual é a profunda cicatriz racial a partir da qual eles falam, a partir de qual amargo conhecimento de causa? A essa altura, todos os grandes homens brancos estão falando em uníssono – os que falam sobre arte e cultura, os que falam sobre política, até os que falam sobre política externa.

Na verdade, todos eles estão respondendo a um pânico generalizado que atravessa a sociedade branca canadense em torno da presença e das reivindicações de pessoas não brancas e dos resultados autodestrutivos de anos de racismo persistente. Que essa presença finalmente tenha chamado atenção da elite cultural, que descartou, ignorou, discriminou e não percebeu que não estávamos em sala durante as reuniões, e não chamou a isso de exclusão ou apartheid quando os encontros só reuniam pessoas brancas, que tenhamos chamado sua atenção revela a profundidade do pânico. De que outra forma explicaríamos o frenesi branco em relação a uma conferência indígena e de escritores não brancos – as diatribes quase semanais, a causticidade editorial, a raiva branca, as falácias, a *obsessão*, pelo amor de deus, dos comentaristas brancos?

Ainda me perguntam em entrevistas: "Existe racismo nesse país?" Ao contrário dos Estados Unidos, onde há pelo menos a admissão do fato de que o racismo existe e tem uma história, nesse país a pessoa se depara com uma inocência estupefaciente. Temos um problema mais profundo. É essa "inocência" que faz com que as pessoas não brancas modifiquem suas reivindicações para palavras como "acesso", "representação" e "inclusão" em vez de direito. Nesse ponto somos pegos na armadilha do número, das porcentagens, como se o percentual de justiça na sociedade devesse corresponder ao de pessoas não brancas na população. Qual é esse percentual? Vinte por cento. Cada demanda pelo fim do racismo é recebida com reducionismo e está sujeita à mais limitada aplicação revisionista. O que estamos debatendo no fim das contas é o que uma sociedade vê e deve considerar importante para o seu eu psíquico, moral e humano. O que estamos debatendo no fim das contas é se esse país intenciona dar às pessoas não brancas plenos direitos humanos em vez de direitos humanos provisórios, se está disposto a abandonar o sofisma da sua "inocência."

Como afirmei anteriormente, vivemos numa cultura em que as forças dominantes ainda estão recapturando ou repatriando o que consideram seus ideais culturais originais. Isso torna uma cultura estática, pois ela não está interessada em continuar, seguir em frente, mas em resgatar o que ela não tinha ou que não se sentia no direito de ter em seu lugar de origem. Então, sua percepção desses ideais é romântica, nostálgica, superficial. O Canadá inglês em que vivo sempre se surpreende com e resiste às intervenções culturais de pessoas que não reconhece como adequadas a suas normas impostas. Caribana, o carnaval caribenho de Toronto, embora atraia o maior número de turistas para o Canadá, luta em território racialmente hostil todos os anos por viabilidade e aceitação. Os siques, apesar de terem lutado na Segunda Guerra Mundial, não podem entrar num salão da Legion[1] de turbante. O povo judeu, mesmo tendo morrido naquela guerra, depara-se com a mesma xenofobia. Os ruídos que ecoam do seu centro são rapidamente marginalizados ou cooptados; Rick Salutin[2] escreve para o *Globe*, por exemplo.

Uma vez fui ao Notting Hill Gate Carnival, em Londres. Chegando a Ladbrooke Grove, fui dominada por uma estranha sensação de deformação do tempo. Os figurinos passavam a sensação de inércia. Eles tinham o ar dos anos 1950, se pareciam com os anos 1950, estavam sendo usados nos anos 1950. Então me dei conta de que as pessoas que os tinham feito haviam deixado Trinidad nos anos 1950, e que talvez elas tivessem levado consigo a própria noção de como o Carnaval era naquela época, preservando-o intacto, nunca seguindo em frente porque precisavam se agarrar a como ele era para sobreviver ao novo país. Ou talvez precisassem trazê-lo tal como elas o vivenciavam no passado. Essa cultura tem um sentido semelhante de deformação, exceto que não é uma cultura oprimida e pode impor essa deformação a todos os que ela considera estranhos. Ela impõe essa inércia também a toda discussão, de modo que hoje em dia temos a situação em

---
1 Royal Canadian Legion, organização de apoio a veteranos de guerra. (N.T.)
2 Escritor, dramaturgo e jornalista judeu canadense (1942-). (N.T.)

que seus artistas e comentaristas sociais se recusam a admitir a existência de uma ideologia de cerca de quinhentos anos ou mais através da qual seus antepassados chegaram e prosperaram nessa parte do mundo e da qual continuam a se beneficiar. Mas é claro que é mais do que deformação; é uma coisa viva e com grande impacto em nossa vida cotidiana, e, embora a cultura possa facilitar acordos ansiosos por parte dos imigrantes brancos em relação à noção de cultura anglo, nós não estamos dispostos e não podemos ser incluídos nisso, assim como somos inevitavelmente incapazes de nos qualificar para a concessão da "branquitude."

POESIA

Toda palavra gira em torno de si mesma, toda palavra cai depois que é dita. Nenhuma das respostas que dei ao longo dos anos é a verdade. Todas essas respostas foram dadas como uma guerrilheira de rosto coberto, de olhos fixos. Ela está imóvel, pronta para movimentos rápidos, mas imóvel. Suas botas são pesadas, o cascalho sob elas se desloca e levanta poeira. Mas seus olhos estão fixos. E eu dei respostas como a prisioneira que responde a um interrogatório, contando apenas o suficiente para apaziguar o interrogador e apenas o suficiente para rastrear a história de modo que ela seja capaz de repeti-la sem revelar nada e sem entrar em contradição na próxima vez que tiver de contá-la. Já contei a eles as mesmas coisas várias vezes, e vou contar de novo quando perguntarem, porque eles só fazem certas perguntas, como de onde sou e se os odeio.

Mas, se eu pudesse me conceder um tempinho, diria que tem sido um alívio escrever poesia, é um espaço para viver.

Já tive momentos em que a vida do meu povo era tão avassaladora que a poesia parecia inútil, e não posso dizer que haja algum momento em que eu não pense nisso hoje em dia. Houve momentos em que era mais crucial brandir uma foice sobre o mato alto num campo em Marigot; houve momentos em que era mais importante descobrir como uma mulher sem documentos em Toronto pode ter um bebê e não ser presa e deportada; houve momentos em que era mais útil organizar uma manifestação em frente à delegacia de polícia na Bay Street e na College Street. Tem havido muitos momentos sem razão alguma para escrever poesia. Há dias em que não consigo pensar num único motivo para colocar essa vida em palavras.

Há uma fotografia minha quando eu tinha quatro anos. Estou ao lado da minha irmãzinha e da minha prima. Minha irmã mais velha também está na foto. Não me pareço comigo mesma, exceto pelas pernas, que eram curvadas e ainda são. Minha irmãzinha está chorando, com os dedos na boca, e minha prima está atordoada, como se tivesse sido jogada na foto. Minha irmã mais velha é alta e esbelta, a caminho do glamour que descreverá sua vida. Ela se parece com Nancy Wilson. Sapatos pretos de couro envernizado, vestido branco de gola canoa. Estou olhando para a câmera, de boca aberta. Estou segurando um maraca, fora de foco, para que minha irmãzinha pare de chorar. Parece que estou tentando fazer a fotografia dar certo. Lembro-me do momento de me arrumar conscientemente, de pegar o maraca, de ser chamada a agir, de dizer para minha irmãzinha, não chora, olha, não chora. Meus olhos na foto não são os de uma menininha; eles parecem experientes, fixos. Os olhos da minha irmãzinha parecem marejados; os da minha prima, assustados; os da minha irmã mais velha, tristes. Os meus, fixos. Atentos. Lembro-me de cuidar. De saber que aquela era hora de olhar para além de nós e de dizer vou pegar o maraca para que minha irmãzinha não chore. Só reconheço as pernas e os olhos. Fixos. Atentos.

Se eu puder parar por um segundo. Sacudir o cascalho dos sapatos. A poesia está aqui, bem *aqui*. Uma coisa enfrentando o modo como vivemos, uma coisa perigosa, uma coisa honesta.

AGRADECIMENTOS

"Dualidades" foi publicado na revista literária *Brick*, no inverno de 1997, apresentado na Conferência de Educação do Oise de North York, 1997.

"Imaginação, representação e cultura" foi apresentado na Conferência da Universidade de York sobre Multiculturalismo, 1997. Também divulgado no programa *This Morning*, da CBC, no outono de 1997.

"Jazz" foi apresentado no Festival de Jazz de Guelph, 1996.

"É só a chuva, Bacolet" foi publicado na antologia *Writing Away*, organizada por McClelland e Stewart, 1994.

"Notas para escrever através da raça" foi apresentado na conferência Writing Thru Race, Vancouver, junho de 1994.

"Quem olha e quem fala por quem" foi publicado na revista literária *Brick* no verão de 1993.

Obrigada a Patricia Murphy.

Obrigada também a Faith Nolan, Filomena Carvalho e Leleti Tamu pela leitura e escuta da obra.

POSFÁCIO

CANTIGA DE ZAMI PRA ZAMI
Bruna Barros e Jess Oliveira

"Quando meus olhos se acostumaram à escuridão, eu a vi."
Dionne Brand, "É só a chuva, Bacolet"

"Escuro, tudo escuro. Escuro.
Se virássemos este corpo ao avesso, vocês entenderiam: aqui é um lugar escuro, escuro."
Grace Passô, "Vaga carne"

Aqui o olho de Brand olha tudo, inclusive aquele olho que tudo vê, que tudo classifica. E, se você tiver chegado à obra de Brand pelo *Mapa*[1] ou por sua poesia, este volume pode destoar. Entretanto, e em muitos sentidos, esta obra é um exercício embrionário dentro da produção da autora. É ensaio, exercício crítico, com tons de crônica e, quiçá, de contos, sem deixar de ser primorosamente poético. Sobre a natureza embrionária da obra, a própria autora compartilha um exemplo em sua introdução à edição de 2019:

"Dualidades" me surpreendeu: é uma espécie de estudo para o que se tornaria, vinte e cinco anos depois, o meu romance de 2018, *Theory*.[2]

Aqui, Dionne Brand parece se debater nos/contra/dentro dos marcadores sociais, nos/pelos discursos universitários das políticas identitárias. Os temas abordados são grandes e pequenos, políticos, e por isso pessoais, urgentes e memorialísticos. Aqui a autora realiza milimetricamente o trabalho de elaboração crítica nos/contra/dentro desses marcadores. Um olhar certeiro para as injustiças, uma audição aguçada, todos os sentidos em alerta em um mundo no qual

---
1. D. Brand, *Um mapa para a porta do não retorno: notas sobre pertencimento*, trad. de Jess Oliveira e floresta, Rio de Janeiro: A Bolha, 2022.
2. D. Brand, "Introdução", nesta edição de *Pão tirado de pedra: raça, sexo, sonho, política*, Rio de Janeiro: Bazar do Tempo, 2023, p. 9.

pessoas como nós não descansam. Sua língua parece se des/dobrar no exercício téorico e analítico –, e, por vezes, a sensação nítida é de estar dentro da mente sagaz e sensível de uma mulher-negra-caribenha-escritora-lésbica-imigrante-cineasta-poeta. Sua voz afiadamente articulada e seus olhos ávidos. A carne (que) vaga pelo mundo.

A leitura dos ensaios de Brand é permeada pela sensação de repetição e pela prática e necessidade de conversas transgeracionais, transnacionais, transtemporais, translinguísticas. Trabalho de vigília. Necessário. Pois o que faz um texto não é a novidade das palavras, é o trabalho e a coragem de encontrá-las, organizá-las, partilhá-las.

Os textos tratam de tudo-o-que-pensamos-enquanto-damos-um--rolé-pela-cidade ou enquanto-sorrimos-em-resposta-a-alguma-pergunta/comentário-absolutamente-desnecessário-de-pessoa-branca. Trata-se de um livro que podemos ler como "grávido" de sua própria obra, que se desdobrará (ou voará?)[3] no porvir.

> [...] essa sou eu com minhas conclusões precipitadas, apropriações e absorções, metamorfoseando-me numa coletividade afro-americana [...]
>
> Brand, "Jazz"[4]

A atribulação de descrever a experiência da jornada é que não é possível dimensionar nas letras o tamanho das coisas. As caixas ou malas – três ou quatro – onde está contida você. As caixas ou malas – três ou quatro – onde estão contidas as suas coisas. Nem o que é preciso deixar pelo caminho. O tempo nos textos é jornada. E a atualidade das palavras e conjunturas oferecidas por Brand atestam a não linearidade e não progressividade desse tempo. No rastro de desafiar o silêncio da unidade.

Qual imaginação acionamos e qual é acionada pela leitura desses ensaios? É possível hoje imaginar uma mulher negra e lésbica e caribenha viajando o mundo, interrogando o mundo, sendo artista no

---
3. Ver tatiana nascimento, "refazendodesfazendo uma róta rôta", in D. Brand, *Um mapa para a porta do não retorno: notas sobre pertencimento*, Rio de Janeiro: A Bolha, 2022.
4. D. Brand, "Jazz", nesta edição de *Pão tirado de pedra: raça, sexo, sonho, política*, Rio de Janeiro: Bazar do Tempo, 2023, p. 140.

mundo — desafiando a história, a imaginação e os portos seguros. Quais mapas (não) levar? Quais ferramentas de feitura?

Aqui, a linguagem já ensaia seu mergulho-voo no céu-oceano, liberada dos pertencimentos, da história, da linguagem empedrada do letramento racial. Sua língua parece voar e navegar por outras rotas. O olhar é de dentro pra fora, em busca do pensar o mundo outra-mente, da liberação da imaginação cooptada por marcadores sociais. Afinal, a autora constata: "A necessidade de engajamento constante nessas dinâmicas raciais é um risco de condições como a minha."[5]

A tradução dos livros de Brand chega ao Brasil numa grande onda de produção e publicação de autoras negras brasileiras, acompanhada de lançamentos e traduções de intelectuais da América do Norte cujas obras foram escritas há uma, duas ou três décadas. Ler Brand hoje no Brasil pode ofertar chaves de leitura para enveredar-se por obras posteriores de autoras que são leitoras de Brand e influenciadas por ela, como Christina Sharpe e Saidiya Hartman, entre outras que têm buscado talhar, moldar e sentar-se ao lado da linguagem, do tempo, da história.

Em *Pão tirado de pedra*, há experiências muito facilmente assimiláveis por quem está aqui, neste lado da diáspora. Ajustadas as datas, os nomes de cidades e países, o eco se faz presente. Sem que haja a necessidade de explicar mais uma vez, *diante* da necessidade de explicar mais uma vez, o "fardo do corpo [...], imagem tão persistente"[6] que é recaptura.

Como atestam os textos e o tempo entre o lançamento desta obra, de sua reedição e agora de sua tradução, em um contexto distinto (distinto?):

> Acesso, representação, inclusão, exclusão, equidade. Todas essas são outras formas de dizer raça nesse país sem dizer que vivemos em uma cultura profundamente racializada e racista que reprime as possibilidades de vida das pessoas não brancas.
>
> Brand, "Dualidades"[7]

---
5. D. Brand, "Dualidades", nesta edição, Ibid., p. 155.
6. "Este corpo a seu bel-prazer, nesta edição, op. cit., p. 97.
7. D. Brand, "Dualidades", nesta edição, op. cit., p. 169.

Nosso trabalho em *Nenhuma língua é neutra*,[8] lançado originalmente em 1990, permitiu que mergulhássemos na voz poética de Dionne e numa experimentação da língua que precede (e *já está sentada* com) suas reflexões em *Pão tirado de pedra*. Os temas das duas obras se interseccionam na encruzilhada que é a escrita: deslocamento, imigração, ocupar lugares colonizados/coloniais, re-invenções do espaço e de comunidades além-mar, (não) retorno (voltar é sempre ser diferente de como se era ao ir embora), existência lésbica, existência negra, (não) lugar, multilugar, (não) pertencimento.

Pão tirado de pedra: como tirar comida da pedra bruta. O pão de cada dia, alimento fundamental e cotidiano, em qualquer esquina. O que são, para pessoas na diáspora, as experiências de Brand: comuns, cotidianas, fundamentais. Tirar pão de pedra: firmar compromisso a partir de matéria estanque e transformá-la em coisa viva e nutritiva. Tornar alimento alguma coisa impossível, que se não transformada nos quebraria os dentes. E não é isso o mesmo que escrever para e com as nossas? Buscar gestos de metamorfosear a raiva e as distâncias, de fazer de tudo algo que se possa partilhar, que se possa combustível, que se possa levar adiante. Mesmo diante da dureza e da certeza do de novo, de novo, de novo.

A destreza com que a autora justapõe e compõe memórias de infância e acontecimentos políticos locais e globais, suas impressões íntimas e trajetórias de outras pessoas migrantes, artistas, errantes e seu constante exercício de meditação filosófica poética borram as fronteiras dos gêneros literários. Ler Dionne Brand é exercício de vazão à escuridão, à opacidade.

E a quê a escuridão e a opacidade puderam ou poderão dar vazão durante a leitura da obra que a leitora tem em mãos?

> Se eu puder parar por um segundo. Sacudir o cascalho dos sapatos. A poesia está aqui, bem *aqui*. Uma coisa enfrentando o modo como vivemos, uma coisa perigosa, uma coisa honesta.
>
> Brand, "Poesia"[9]

---
8. Bruna Barros e Jess Oliveira foram responsáveis pela revisão técnica da edição brasileira. (N.E.)
9. D. Brand, "Poesia", nesta edição, op. cit., p. 176.

E a quê o escuro pode dar vazão?

> [...] esse é o espaço de que alguns de nós precisamos, uma abertura para outra vida emaranhada nesta, mas se abrindo.
>
> Brand, "Jazz"[10]

tirar leite de pedra
buscar o pão de cada dia
matar um leão por dia
engolir sapo
dar murro em ponta de faca
rever as próprias palavras
dizer diferente
dizer mais manso
transformar pensamento em serviço
levantar casa em terra arrasada
subir muro sem porta
fazer eco do eco do eco
repetir as mesmas palavras
repetir as mesmas palavras
repetir as mesmas palavras
que nem feitiço
: nada disso é anacronismo,
um livro de 1994
consequências de 1492
corrente em 2023

atravessar o oceano a nado
furar barreira
se repetir
se virar nos 30
se explicar

---
10. D. Brand, "Jazz", nesta edição, op. cit., p. 147.

talhar mundos
furar muros
pra nós
respirar

estar na beira.
à deriva.
pensar da beira.
pensar a deriva.

circunscrever à beira da língua
o que não pode ser capturado por ela
mas habita, latente, e por vezes
trans/borda a retina

os detalhes de cada momento
e toda a história.

mapas de retinas:
salvador
qualquer aeroporto
jozi
toronto
carriacou
ou zurique

    Nossa genealogia é o mar. E como nós, Dionne está sempre à beira do mar, colhendo o que a maré leva e traz: osso, ruína, memória. Alimento.

à beira, 19 de outubro de 2023

Bruna Barros é escritora, tradutora e roteirista. É graduada em Língua Estrangeira Moderna (Inglês) pela Universidade Federal da Bahia (UFBA). Integrou o grupo de pesquisa Traduzindo no Atlântico Negro (UFBA). Junto a Jess Oliveira, compõe o coletivo de arte-tradução cocoruto art duo.

Jess Oliveira é tradutora, crítica literária e poeta. É bacharela em Letras (Português/Alemão) pela Universidade de São Paulo (USP), com mestrado em Estudos da Tradução pela Universidade Federal de Santa Catarina (UFSC) e doutoranda em Literatura e Cultura pela UFBA. Integrou o grupo de pesquisa Traduzindo no Atlântico Negro (UFBA) e foi finalista do prêmio Jabuti 2020 na categoria Tradução. Junto a Bruna Barros, compõe o coletivo de arte-tradução cocoruto art duo.

OBRAS DE DIONNE BRAND

POESIA

'Fore Day Morning: poems. Toronto: Khoisan Artists, 1978.

Earth Magic. Toronto: Kids Can Press, 1979.

Primitive Offensive. Toronto: Williams-Wallace International Inc., 1982.

Winter Epigrams and Epigrams to Ernesto Cardenal in Defense of Claudia. Toronto: Williams-Wallace International Inc., 1983.

Chronicles of the Hostile Sun. Toronto: Williams-Wallace, 1984.

No Language is Neutral. Toronto: Coach House Press, 1990.

>[Ed. bras.: Nenhuma língua é neutra. Trad. Lubi Prates e Jade Medeiros. Rio de Janeiro: Bazar do Tempo, 2023].

Land to Light On. Toronto: McClelland & Stewart, 1997.

Thirsty. Toronto: McClelland & Stewart, 2002.

Inventory. Toronto: McClelland & Stewart, 2006.

Ossuaries. Toronto: McClelland & Stewart, 2010.

The Blue Clerk: Ars Poetica in 59 Versos. Toronto: McClelland & Stewart, 2018.

Nomenclature. New and Collected Poems. Durham: Duke University Press, 2022.

FICÇÃO

Sans Souci and Other Stories. Stratford: Williams-Wallace, 1988.

In Another Place, Not Here. Toronto: Knopf Canada, 1996.

At the Full and Change of the Moon. Toronto: Knopf Canada, 1999.

What We All Long For. Toronto: Knopf Canada, 2005.

Love Enough. Toronto: Knopf Canada, 2014.

Theory. Toronto: Knopf Canada, 2018.

NÃO FICÇÃO

Rivers Have Sources, Trees Have Roots: Speaking of Racism. Em coautoria com Krisantha Sri Bhaggiyadatta. Toronto: Cross Cultural Communications Centre, 1986.

No Burden to Carry: Narratives of Black Working Women in Ontario, 1920s–1950s. Em coautoria com Lois De Shield. Toronto: Women's Press, 1991.

We're Rooted Here and They Can't Pull Us Up: Essays in African Canadian Women's History. Em coautoria com Peggy Bristow (Org.), Linda Carty, Afua P. Cooper, Sylvia Hamilton e Adrienne Shadd. Toronto: University of Toronto Press, 1994.

Bread Out of Stone: Recollections on Sex, Recognitions, Race, Dreaming and Politics. Toronto: Coach House Press, 1994.

> [Ed. bras.: *Pão tirado de pedra: raça, sexo, sonho e política*. Trad. Lubi Prates e Jade Medeiros. Rio de Janeiro: Bazar do Tempo, 2023.]

A Map to the Door of No Return: Notes to Belonging. Toronto: Random House Canada, 2001.

> [Ed. bras.: *Um mapa para a porta do não retorno: notas sobre pertencimento*. Trad. Jess Oliveira e floresta. Rio de Janeiro: A Bolha, 2022.]

A Kind of Perfect Speech: The Ralph Gustafson Lecture Malaspina University-College 19 October 2006. Nanaimo, BC: Institute for Coastal Research Publishing, 2008.

An Autobiography of the Autobiography of Reading. Edmonton: University of Alberta Press, 2020.

Este livro foi editado pela Bazar do Tempo na cidade de São Sebastião do Rio de Janeiro em outubro de 2023 e impresso em papel Pólen bold 70 g/m² pela gráfica Margraf. Ele foi composto com as tipografias Arnhem e Henderson Sans.

Foi lançado na Flip 2023, em Paraty.